essentials

Springer Essentials sind innovative Bücher, die das Wissen von Springer DE in kompaktester Form anhand kleiner, komprimierter Wissensbausteine zur Darstellung bringen. Damit sind sie besonders für die Nutzung auf modernen Tablet-PCs und eBook-Readern geeignet. In der Reihe erscheinen sowohl Originalarbeiten wie auch aktualisierte und hinsichtlich der Textmenge genauestens konzentrierte Bearbeitungen von Texten, die in maßgeblichen, allerdings auch wesentlich umfangreicheren Werken des Springer Verlags an anderer Stelle erscheinen. Die Leser bekommen „self-contained knowledge" in destillierter Form: Die Essenz dessen, worauf es als „State-of-the-Art" in der Praxis und/oder aktueller Fachdiskussion ankommt.

Herbert Fitzek

Gestaltpsychologie kompakt

Grundlinien einer Psychologie für die Praxis

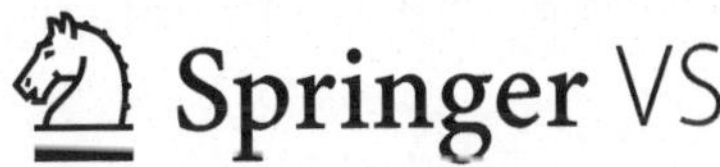

Herbert Fitzek
BSP Business School Berlin Potsdam
Deutschland

ISSN 2197-6708 ISSN 2197-6716 (electronic)
ISBN 978-3-658-04275-2 ISBN 978-3-658-04276-9 (eBook)
DOI 10.1007/978-3-658-04276-9

Die Deutsche Nationalbibliothek verzeichnet diese Publikation in der Deutschen Nationalbibliografie; detaillierte bibliografische Daten sind im Internet über http://dnb.d-nb.de abrufbar.

Springer VS

Gedruckt auf säurefreiem und chlorfrei gebleichtem Papier

Springer VS ist eine Marke von Springer DE. Springer DE ist Teil der Fachverlagsgruppe Springer Science+Business Media
www.springer-vs.de

Widmung

Sehr herzlich danke ich Gemina Picht und André Kramer für ihr Engagement im Buchprojekt und den Herausgebern des „Handbuches Qualitative Forschung in der Psychologie" für die Bereitstellung des Basistextes als Grundlage der Publikation.

Vorwort

Das wissenschaftliche Konzept einer Gestaltlehre (auch Morphologie) wurde Anfang des 19. Jahrhunderts von keinem Geringeren als von Johann Wolfgang von Goethe entwickelt. Heute ist kaum mehr bekannt, dass Goethe seine Beiträge zur Naturwissenschaft genauso wichtig nahm wie seine dichterischen Leistungen. Dabei richtete er seine Formenlehre nicht an fertigen Gestalten aus, sondern an der Bildung und Umbildung organischer Einheiten (Pflanzen, Wirbelknochen). Für Goethe war eine Gestaltlehre immer auch Verwandlungslehre: Gestalten sind sinnerfüllte, aber prinzipiell unvollständige und ergänzungsbedürftige Entwicklungsgebilde, die von ästhetischen Gesetzen wie Steigerung und Polarität reguliert werden.

Das gleiche Konzept trugen knapp 100 Jahre später Christian von Ehrenfels in Graz und Max Wertheimer in Frankfurt, später Berlin, in die Psychologie. Sie sahen es als Gegengewicht zu der damals dominierenden naturwissenschaftlichen (Labor- und Experimental-)Psychologie und wollten damit den drängenden Fragen nach den Grundlagen des Erlebens und Verhaltens gerecht werden, bei deren Beantwortung die akademische Psychologie aus ihrer Sicht versagte. Gestaltverhältnisse erschließen sich im unmittelbaren Erleben. Sie machen die Sinnrichtung und Dynamik seelischer Abläufe aus und folgen darin der ästhetischen Eigenlogik von Organisation. Der Gestaltpsychologie zufolge funktioniert seelisches Geschehen durchgängig und prinzipiell nach Maßgabe von „*Gestaltgesetzen*" wie Prägnanz, Ergänzung, Schließung, gleichartigem Verlauf, Aufgehen ohne Reste.

Für die in den 1920er Jahren führende „Berliner Schule der *Gestalttheorie*" (*Wertheimer, Köhler, Koffka, Lewin*) wurden sinnlich einsehbare Gestaltverhältnisse zum Schlüssel der Beschreibung von kompletten *Handlungs- und Wirkungsganzheiten*. Max Wertheimer beobachtete das Wirken der Gestaltgesetze im Wahrnehmungsraum. Wolfgang Köhler war der erste, der entsprechende Strukturierungen und Umstrukturierungen im Denk- und Lernverhalten aufdeckte. Kurt Koffka gründete auf Gestaltentsprechungen eine Entwicklungspsychologie, und Kurt Lewin baute seine Vorstellung über gespannte seelische Systeme zu der berühmt gewordenen Untersuchungsreihe zur Handlungs- und Affektpsychologie aus.

Der historische Einschnitt der Nazidiktatur unterbrach diese Erfolgsgeschichte, doch waren schon zuvor viele Kollegen auf das Konzept der Gestaltpsychologen aufmerksam geworden. Zudem arbeiteten die führenden Exponenten der Gestalttheorie nach ihrer Emigration in die USA weiter am Programm und eine Nachfolgegeneration bald darauf auch wieder in Deutschland. Seither sind Fort- und Umsetzungen des gestaltpsychologischen Denkens innerhalb und außerhalb der Fachpsychologie zu verzeichnen: in der *Angewandten Psychologie*, der *Wirtschafts- und Kulturpsychologie* wie in der Entwicklung einer *gestalttheoretischen Psychotherapie* und *Analytischen Intensivberatung*, darüber hinaus auch in natur- und wirtschaftswissenschaftlichen Konzepten wie der *Selbstregulation*, der *Autopoiese*, in den Konzepten von *Organisationskultur* und *Wirtschaftsästhetik*.

Zu wenig Beachtung hat der Beitrag des Gestaltkonzeptes zur *Methodologie* gefunden. Dieser war für Goethe das entscheidende Merkmal einer gegenstandsangemessenen wie praxistauglichen Wissenschaft. Im Gestaltkonzept sah er den Vorzug, den lebendigen Bildungen der Natur so „beweglich" und „bildsam" zu folgen, wie sie erscheinen. Für Goethe waren Gegenstand und Gegenstandsanalyse strukturgleich: „Man suche nur nichts hinter den Phänomenen; sie selbst sind die Lehre" (Goethe 1981,S. 432). Als „naturgemäße Methode" sind Subjekt und Objekt der Forschung unmittelbar aneinander gebunden; das spricht gegen eine vom Forschungssubjekt weg zu verlagernde Objektivität und sieht die Wissenschaft als Vermittler von Subjekt und Objekt.

Goethes methodologischer Ansatz wurde von den Gestaltpsychologen eher hintergründig weitergetragen. Hier wurden Psychologen im Umkreis des Gestaltkonzeptes deutlicher: der in seiner psychologischen Morphologie direkt an Goethe anknüpfende Wilhelm Salber („Gegenstandsbildung"; Salber 1965) und der mit der Gestaltpsychologie vertraute Psychoanalytiker Georges Devereux („Gegenübertragungsanalyse"; Devereux 1975). Dass die methodologischen Anregungen der Gestaltpsychologie in der akademischen Psychologie (späte) Wirkung zeigen, manifestiert sich neuerdings sehr deutlich im „Handbuch Qualitative Forschung in der Psychologie", in dem außer der wissenschaftstheoretischen Grundlage einer gegenstandsangemessenen (selbstreflexiven) Methode auch konkrete Praxisfelder wie die Bedeutung von *Forschungssubjektivität* und *Aktionsforschung* diskutiert werden (Mey und Mruck 2010).

Inhaltsverzeichnis

1 Einleitung: Was ist, was will Gestaltpsychologie?

Dem heutigen Selbstverständnis der akademischen Psychologie sind die großen Konzepte und beherrschenden historischen Gestalten fremd geworden. Ungeachtet gelegentlicher (jubiläumsgeschuldeter) Reminiszenzen sieht man die frühen Ortsbestimmungen einer in Gegenstand und Methode zu konzipierenden Fachwissenschaft als überwunden an und konstatiert den Fortschritt von genialen Gesamtentwürfen zur sachhaltigen wissenschaftlichen Arbeit. Wer so denkt, zählt die Gestaltpsychologie (von Ehrenfels, Wertheimer, Köhler, Koffka und Lewin) zur Gründungsgeschichte der Wissenschaft vom Erleben und Verhalten im 20. Jahrhunderts und würdigt ihre originellen Wahrnehmungs- und Denkexperimente als Überwindung der ursprünglich streng naturwissenschaftlich-mechanistisch gefassten Psychologie durch eine ganzheitlich-qualitative Gegenstands- und Methodenauffassung.

Übersehen wird dabei, dass die Anregungen der ersten Gestaltpsychologen über die Fachdiskussion der Psychologie hinaus auf den Charakter wissenschaftlicher Arbeit im Ganzen zielten. Sie standen für die Kritik an ihrem fachdisziplinären (-disziplinierten) Diskurs und warben für die Aufgeschlossenheit empirischer Arbeit gegenüber den universellen Fragen der Denkgeschichte und den konkreten Problemstellungen der Praxis, die so ganz andere sind als die, die aus der selbst gewählten Beschränkung auf Laborüberwachung und Experimentaldesign folgen. Und sie erweisen sich im verkehrsberuhigten Diskurs der Gegenwartspsychologie als nach wie vor kritische Herausforderung an ein sinngeleitetes, praxisrelevantes Denken und Forschen. Es darf daher nicht wundern, dass die Mehrzahl heute tätiger Gestaltpsychologinnen und Gestaltpsychologen eher nicht in den Zirkeln der universitären Forschung zu finden sind, sondern an praktisch orientierten Hochschulinstituten und in der konkreten wissenschaftlichen Praxis (Angewandte Psychologie, Wirtschaftspsychologie, Psychotherapie).

H. Fitzek, *Gestaltpsychologie kompakt*, essentials,
DOI 10.1007/978-3-658-04276-9_1, © Springer Fachmedien Wiesbaden 2014

Als Schlüsseltext verstehen sie heute Max Wertheimers Vortrag vor der Kant-Gesellschaft am 17.12.1924, in dem dieser einem wissenschaftlich interessierten Publikum die Grundlinien gestaltpsychologischen Denkens in Form einer Selbstbefragung vorstellte („Was ist, was will Gestalttheorie?"): „…man kommt von lebendigem Geschehen zur Wissenschaft, sucht in ihr Klärung, Vertiefung, Hineindringen, Vorwärtsdringen in das Wesentliche dessen, was da vorgeht, und findet vielfach zwar Belehrungen, Kenntnisse, Zusammenhänge und fühlt sich nachher ärmer als vorher" (Wertheimer 1985 [1925], S. 99). Zieht man in Betracht, dass die Psychologie gerade das Eigene und Eigentümliche des Menschen im Verhältnis zu sich selbst und seiner Lebenswelt thematisiert, so ist Wertheimers Kritik an der Psychologie (erschreckend) aktuell: „Man kommt von irgendeinem starken Lebendigen, das in einem vor sich gegangen ist, schlägt etwa nach, was die Psychologie, was die Wissenschaft für diese Dinge sich erarbeitet hat, liest und liest (oder beginnt selbst in der Art zu forschen, wie sie durch lange Zeit allein üblich war) und hat nachher das klare Gefühl: man hat vieles in der Hand und eigentlich doch nichts. Irgendwie ist das, was einem das Wichtigste, Wesentlichste, das Lebendige der Sache schien, bei diesen Vorgängen verloren gegangen" (a. a. O.).

Das Wichtigste, Wesentliche und Lebendige sieht Wertheimer in den Fragen, die aus dem konkreten Ablauf des seelischen Geschehens hervorgehen und sich dem neugierigen Beobachter offenbar viel unmittelbarer stellen als den Experten der wissenschaftlichen Psychologie: Wie können wir verstehen, dass die vielfältigen Eindrücke der Wahrnehmung zu mehr oder weniger sinnhaltigen Gebilden („Gestalten") zusammenkommen? „Wer hat nicht erlebt, was es heißt: ein Schüler begreift! Wer hat nicht selbst erlebt, wie solches Begreifen vor sich geht, wenn einem zum ersten Male ein mathematischer Zusammenhang etwa aufgeht…" (a. a. O.). Wie kommt es, dass sich Menschen je nach Kontext völlig verschieden verhalten und dass ein „Wille" oder „Ich" dabei oft nur herausspringt, wenn der natürliche Handlungszusammenhang gestört ist?

Die Sinnlichkeit, für die Psychologie der vorletzten Jahrhundertwende das vorrangige Bewährungsfeld aller psychologischen Konzepte, bot ersten Anlass für die Prüfung solcher Fragen. Und die Gestaltpsychologie führte sogleich den optischen (akustischen, taktilen) Nachweis einer der physiologischen Reizverarbeitung entgegenstehenden psychologischen „Eigenlogik". Ganz offensichtlich gruppieren sich physiologisch nachweisbare Reize in der Wahrnehmung zu Gebilden, denen ein von der Reizgrundlage abweichender figuraler Eigensinn zukommt. Wie Christian von Ehrenfels noch im alten Jahrhundert gesehen hatte, entscheidet nicht die Summe des faktisch Gegebenen darüber, vielmehr die Qualität der im Wahrnehmen möglichen Sinn- oder Gestaltbildung. Diese das psychische Geschehen wesentlich (lebendig) kennzeichnende „Gestaltqualität" ist „mehr und anders als die Summe seiner Teile" (Ehrenfels-Kriterium) und damit eine neu entdeckte, autonom psychologische Kategorie für eine zunächst nicht absehbare Fülle psychologischer Sachverhalte (Ehrenfels 1890; vgl. Fitzek und Salber 1996).

Wertheimer sah die Forschungsaufgabe für das neue Konzept darin, das Wirken der Gestaltbildung empirisch zu ermitteln und ihr Funktionieren über eine den Naturgesetzen äquivalente psychologische Regelmäßigkeit abzubilden: „Man könnte das Grundproblem der Gestalttheorie etwa so zu formulieren suchen: Es gibt Zusammenhänge, bei denen nicht, was im Ganzen geschieht, sich daraus herleitet, wie die einzelnen Stücke sind und sich zusammensetzen, sondern umgekehrt, wo – im prägnanten Fall – sich das, was an einem Teil dieses Ganzen geschieht, bestimmt von inneren Strukturgesetzen dieses seines Ganzen" (a. a. O., 101). Die von Wertheimer zusammengestellten Strukturgesetze demonstrieren die das Wahrnehmen universell organisierende (Prägnanz-) Tendenz zur „guten Gestalt" und kategorisieren die Produktionsbildung nach Maßgabe von „Gleichheit", „Nähe", „Geschlossenheit", „durchgehender Kurve" usw. (Wertheimer 1922/1923). Als „Gestaltgesetze" der Wahrnehmung sind sie in den Bestand der Psychologie übergegangen und doch nur frühe, prospektive Leistung einer sich aus naturwissenschaftlichen Bestimmungen lösenden Psychologie, die vom Sinnzusammenhang ausgeht und Einzelnes aus diesem heraus bestimmt.

Max Wertheimer hat den Schwerpunkt der Gestaltpsychologie darin gesehen, dass sie „das Wichtigste, Wesentlichste, das Lebendige der Sache" in den Blick psychologischer Erkenntnis rückt. Ich versuche in den grau hinterlegten Zwischentexten einige der Fragen zu stellen, die Wertheimer gemeint haben könnte und die jedenfalls mehr oder explizit durch die Erkenntnisse der Gestaltpsychologie gelöst oder wenigstens beantwortet hat.

Was organisiert die Wahrnehmung?

Die Psychologie des 19. Jahrhunderts ist an der Frage gescheitert, wie aus gleichmäßig über die Netzhaut verteilten Sinnesreizen die sichtbaren Sinnganzheiten (Figuren) der Wahrnehmung werden. Was in der naturwissenschaftlichen Psychologie nicht darstellbar war und von der geisteswissenschaftlichen Psychologie durch das Hinzutreten intellektueller Fähigkeiten erklärt werden musste, konnte die Gestalttheorie direkt aus der „Gefordertheit" von Gestalten ableiten:

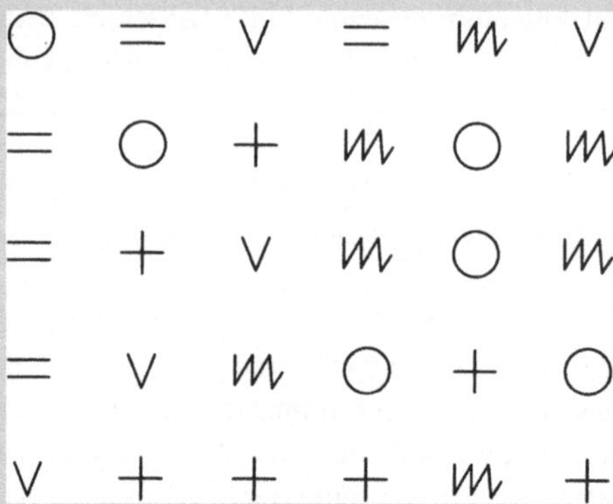

Gesetz der Gleichheit (nach Koffka). Gebilde gleicher Form streben sogar in solcher Vermengung zur Zusammenfassung in „einheitliche“ Gruppen. (Fitzek und Salber 1996, S. 41)

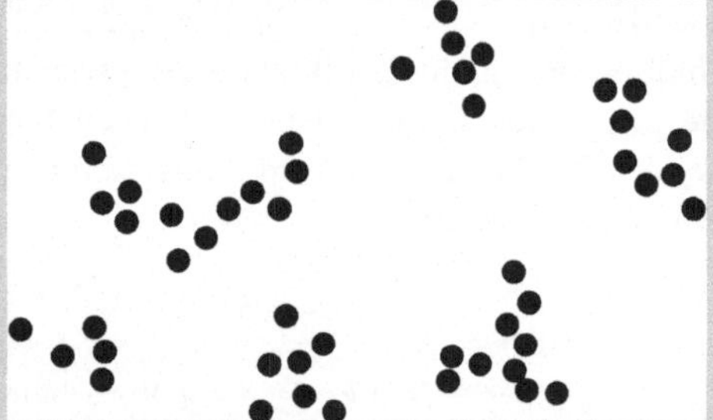

Gesetz der Nähe. Nicht ein Haufen, sondern sechs dichte Haufen, dazwischen weite Abstände. (Fitzek und Salber 1996, S. 41)

Gesetze der Geschlossenheit und des Aufgehens ohne Rest. (Fitzek und Salber 1996, S. 41)

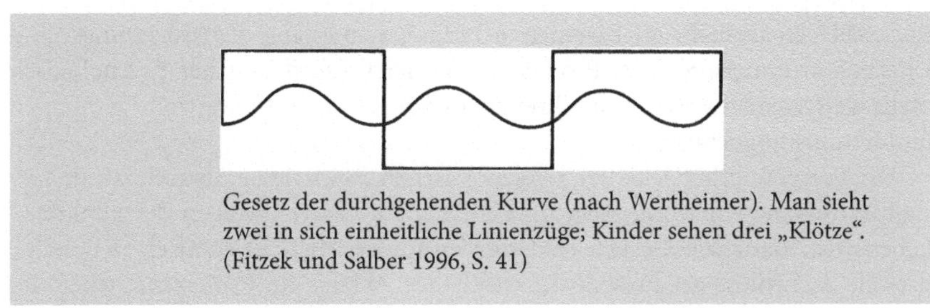

Gesetz der durchgehenden Kurve (nach Wertheimer). Man sieht zwei in sich einheitliche Linienzüge; Kinder sehen drei „Klötze". (Fitzek und Salber 1996, S. 41)

Das Wahrnehmen war für die Gestaltpsychologen deshalb ein dankbarer Untersuchungsgegenstand, weil die Dominanz des aktuell wirksamen Ganzen in den Wahrnehmungsgestalten evident ist. Dabei war von vornherein klar, dass auch komplexere psychische Leistungen komplett aus den Strukturgesetzen der aktuell wirksamen Sinnbildung zu rekonstruieren sind. Was Problemlösungen wesentlich (lebendig) charakterisiert, ist nach Auffassung der Gestaltpsychologen weder aus den abstrakten Determinanten der formalen Logik ableitbar noch aus der personalen Konstitution der Denkenden (ihrer Perzeptionsfähigkeit, Auffassungsgabe oder Intelligenz). Es folgt gleichfalls den Organisationstendenzen des aktuell gestaltbildenden und damit sinnmachenden Ganzen, das Wertheimer sehr früh „Feld" nannte: „Der Mensch ist einem Felde gegenüber und was in dem Felde geschieht, hängt nun – und hier ist eines der schönsten Stücke dieser Arbeit – im wesentlichen damit zusammen, dass das Feld dahin tendiert, sinnvoll zu werden, einheitlich zu werden, von innerer Notwendigkeit beherrscht zu werden, und dass man oft erstaunlich starke Mittel verwenden muss, um ein nach dem sinnvollen tendierendes Feld, zu guten Gestalten tendierendes Feld zu zerstören bzw. andere Gestaltung zu erzwingen" (a. a. O., 105).

Der Schüler, der begreift oder nicht begreift, folgt demnach wesentlich dem Wirken einer aktuell zur Prägnanz neigenden bzw. drängenden Gestaltungstendenz – unabhängig davon, ob die Lösung des Problems dadurch erleichtert, behindert oder verstellt wird. Wertheimers Studien zum produktiven Denken demonstrieren eindrucksvoll, dass zielführende wie auch irrtümliche Denkleistungen auf die Wirksamkeit konkreter Feldtendenzen zurückgehen und das Geschehen in Richtung von Schließung, Abrundung, Vereindeutigung, von gleichsinniger Fortsetzung und Metamorphose, von Aufgehen ohne Reste im Sinne der „guten Gestalt" modellieren. Gegenüber den Spontanbildungen der Wahrnehmung gerät dabei zunehmend der dynamische Charakter der Gestaltbildung in den Blick. Denkprozesse ereignen sich ausgehend von der gespannten Ausgangslage über gelegentlich quälend erlebte Fehl- oder Übergangserfahrungen ruckweise mit intermittierenden Pausen und

Rückschlägen als mehr oder weniger geradlinige/umwegige Strukturierungs- und Umstrukturierungsprozesse. Produktives Denken erfordert daher psychologisch mehr als systematisches Voranschreiten, es nötigt zur Eröffnung von Freiräumen und Irrtumsmöglichkeiten.

Die Forschungsbereiche der zeitgenössischen Psychologie überschritt die Gestaltpsychologie von vornherein im Hinblick auf das Handeln in der konkreten Lebenswelt. Ganzheit, Gestalt, Feld wurden für Wertheimer dadurch „lebendig", dass sie Aufschluss geben über die wirklichen Abläufe im Prozessgeschehen des Erlebens und Verhaltens. In den Produktionen des konkreten Handelns – spontan in der Wahrnehmung, prozessual im Denken – formt ein Gestaltbildungsprozess spezifische Sinneinheiten heraus, oftmals ohne das Dazwischentreten einer lenkenden intellektuellen Instanz. Das Wirken der Gestaltbildung widerspricht der mechanischen Assoziation ebenso wie den klassischen Vernunftkategorien. Es vollzieht sich vielmehr – ob Erlebens- oder Aktionszusammenhang, Denk- oder Vorstellungshandlung – immer wieder auf der Grundlage einer anschaulich sinn- und ordnungsstiftenden Gestaltbildung.

Wertheimers frühe Ausführungen über das, was seelisches Geschehen handlungsübergreifend zusammenhält, distanzieren sich im Resultat von der zeitgenössischen Assoziationspsychologie wie vom Intellektualismus und seinem vermeintlich freien Willen. Statt eines selbstbewusst agierenden Aktionszentrums (Ich, Person, Individuum) organisiert die Gestaltlogik den Fortlauf des seelischen Geschehens (quasi als „Subjekt"; vgl. Fitzek 2000). Dieser Gedanke führt die Gestaltpsychologen Jahrzehnte später auf die Spur einer Sozial- und Kulturpsychologie, die der Gestaltbildung in personenübergreifenden Wirkungszusammenhängen nachgehen wird, und sich gleichfalls schon bei Wertheimer andeutet: „…der Mensch ist nicht bloß so Teil eines Feldes, sondern der Mensch ist auch Teil und Glied in dem Zusammen mit Menschen. Wenn Menschen zusammen sind, etwa in einer bestimmten Arbeit zusammen, dann ist das unnatürlichste Verhalten, das erst in späten Fällen, oder in krankhaften Fällen vorhandene Verhalten, dass da mehrere Ich zusammen da sind, sondern diese verschiedenen arbeiten gemeinsam zusammen, jeder als sinnvoll funktionierender Teil des Ganzen unter normalen Umständen" (a. a. O., 106; zur Rezeption des Ich-Welt-Problems in der Gestaltpsychologie vgl. Stemberger 2002).

2 Denken, Fühlen, Wollen – Fragestellungen einer Psychologie von Handlungsganzheiten

Die Gestaltpsychologie hat das Wesentliche und Lebendige zunächst dadurch thematisiert, dass sie in allen ihren Variationen jeweils vom konkreten Nacheinander seelischer Sinnbildungen ausging (was passiert eigentlich im konkreten Nacheinander des Erlebens und Verhaltens?). In der Psychologie des 19. Jahrhunderts waren solche Fragen eher rezent und mussten einer „beschreibenden und zergliedernden Psychologie" erst einmal zugewiesen werden (Dilthey 1957 [1894]). Für diesen Zweck wurden aus der philosophischen Tradition „Vermögensbegriffe" entlehnt, die die Ablauf- bzw. Strukturfrage wenigstens implizit stellten. In der Gestaltpsychologie sind „Denken", „Fühlen", „Wollen", wie sich schon bei Wertheimer andeutet, nicht prinzipiell voneinander geschieden; sie markieren allenfalls verschiedene Dominanzen im Wirken der (immer gleichen) Organisationsgesetze des seelischen Nacheinanders (vgl. dazu besonders Fitzek und Salber 1996). In ihnen akzentuiert die Gestaltpsychologie die Frage nach der Organisation konkreter Handlungsabläufe.

Zum zentralen Referenzpunkt der frühen Gestaltpsychologie wurde Wertheimer durch seine Experimente an der Frankfurter Handelshochschule, in denen er junge Kollegen – zunächst als Versuchspersonen, dann als Diskussionspartner und Mitarbeiter – einband, die ihm in seinen Entdeckungen und Schlussfolgerungen folgten. Einer von ihnen war Wolfgang Köhler, der kurz vor dem Ausbruch des 1. Weltkrieges unverhofft die Gelegenheit erhielt, Wahrnehmungs- und Lernexperimente an weniger komplex strukturierten verstandenen Lebewesen durchzuführen (Köhler 1963 [1921]). Köhlers innovativen Anthropoidenversuchen auf Teneriffa wird mit dem Klischee vom weisen Affen, der statt auf Versuch und Irrtum vom („Aha-") Erlebnis einer inneren „Einsicht" geleitet wird, die Spitze genommen. Denn Köhler ging es durchaus nicht um die Intellektualisierung von (tierischem) Verhalten, sondern um die Übertragbarkeit der Wahrnehmungsgesetze in den Handlungsraum.

H. Fitzek, *Gestaltpsychologie kompakt*, essentials,
DOI 10.1007/978-3-658-04276-9_2, © Springer Fachmedien Wiesbaden 2014

Über die experimentelle Variation von Problemlöseaufgaben wies er nach, dass Handlungsfelder genauso wie der Wahrnehmungsraum nach den Gestaltgesetzen von Nähe, Geschlossenheit und durchgehender Linie organisiert sind, die Unterstellung (einfacher) Prägnanztendenzen bei komplexen Sinnbildungen aber zu kurz greift. Einsicht ist bei Köhler als Prinzip des Handelns wörtlich zu nehmen: Um „gute Gestalten" zu erzielen, müssen einfache Wahrnehmungs- und Handlungsmuster aufgebrochen und umzentriert werden. „Denken" kann demzufolge psychologisch als Umstrukturierung von Sinnrichtungen im Sinne prägnanter Gestaltbildungen verstanden werden, im produktiven Denken ergänzen sich Bildungs- und Umbildungstendenzen im Ganzen der „guten Gestalt" (vgl. dazu Duncker 1935; Wertheimer 1945; Fitzek und Salber 1996).

Was hilft Probleme lösen?

Die Gestaltpsychologie konnte zeigen, dass die Organisationsgesetze nicht nur regionale Bedeutung für die Wahrnehmung haben, sondern auch scheinbar intellektuelle Vorgänge – wie Denken, Lernen, Problemlösen – regulieren. Seelische Abläufe sind generell durch Tendenzen der Strukturierung und Umstrukturierung im Hinblick auf Prägnanz bestimmt.

Karl Duncker hat Problemlöseprozesse mithilfe von „lautem Denken" als Modellierung von Gestalten charakterisiert – mit Phasen von vermeintlich geradliniger Lösungsorientierung, des Einschlagens von Richtungen und Gehens von Umwegen, der Perspektivenverschiebung, Umkehrung, Fortsetzung und Wiederaufnahme von verworfenen Lösungsansätzen: „gesucht ein Verfahren, um einen Menschen von einer inoperablen Magengeschwulst zu befreien mit Hilfe von Strahlen, die bei genügender Intensität organisches Gewebe zerstören – unter Vermeidung einer Mitzerstörung der umliegenden gesunden Körperpartien"

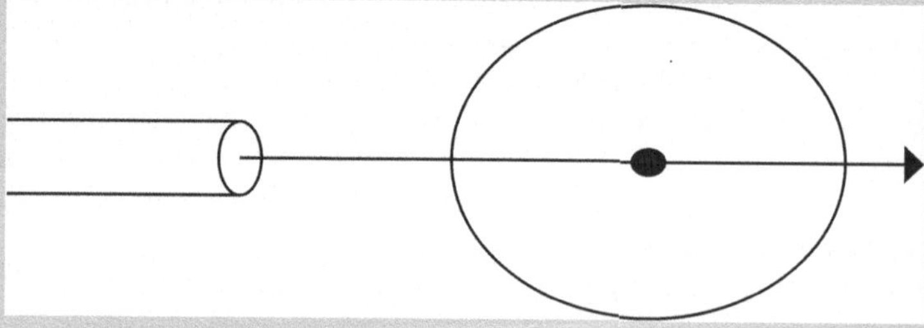

schematische Darstellung eines Lösungsansatzes nach Duncker

Ein Protokoll der Bestrahlungsaufgabe: „Strahlen durch die Speiseröhre schicken… Man müsste die Strahlenintensität unterwegs herabsetzen z. B. – ginge das? – die Strahlen erst dann voll einschalten, wenn die Geschwulst erreicht ist… Entweder müssen doch die Strahlen in den Körper hinein oder aber die Geschwulst muss heraus… Was tut man denn ganz allgemein, wenn man mit einem Agens an einer bestimmten Stelle einen Effekt erzielen will, den man auf dem Weg hin zu dieser Stelle vermeiden möchte?… Die Intensität müsste verändert werden… Wie könnte man die Intensität unterwegs herabsetzen?… Irgendwie ablenken – diffuse Strahlung – zerstreuen – halt: ein breites und schwaches Strahlenbündel so durch eine Linse schicken, dass die Geschwulst in den Brennpunkt und also unter intensive Bestrahlung fällt" (Duncker 1935, S. 5f.)

Die Befunde der Gestaltpsychologie erregten Aufsehen und riefen bei den Elementen- und Assoziationspsychologen Widerspruch hervor. Doch schon früh folgten insbesondere junge Kollegen ihren Entdeckungen und Schlussfolgerungen. Am rivalisierenden Universitätsinstitut in Leipzig – das Wilhelm Wundt als erstes überhaupt in Deutschland gegründet hatte – beschäftigte sich besonders dessen vormalig letzter Assistent Friedrich Sander mit der Gestaltpsychologie. Die Leipziger interessierte an Handlungsabläufen besonders ihr affektiver Charakter („Gefühlslehre"; Sander 1962 [1937]). Für Sander wurden daher die im Gestaltbildungsprozess bemerkbaren „Qualitäten" wichtig. In eigenen Experimenten zur so genannten „Aktualgenese" kurzzeitig oder unvollständig erscheinender, sich in einer Folge von Darbietungen allmählich vervollständigender Wahrnehmungsgebilde bestätigte er die Prägnanztendenz der Gestaltbildung, betonte jedoch zugleich den phänomenalen, funktionalen und genetischen Vorrang früher gefühlsdominierter „Ganz-" oder „Komplexqualitäten".

Das sogenannte „Vorgestalterleben" bestimmt alle weiteren Differenzierungen hin zur „Gestalt", die für die Erlebensentwicklung demnach (nur) die End- oder Zielausrichtung eines im Kern diffus- bis komplex-ganzheitlichen Strukturzusammenhangs von wechselnder Gefühlslage markiert. Gestaltend wirken über charakteristische Erlebensphasen hinweg die aus der Gestalttheorie bekannten Strukturierungstendenzen des Sich-Abhebens, Durchgliederns, Durchformens, Verfestigens – durchgängig geführt von der Vorherrschaft der Gefühle und Affekte. Insofern nehmen die Aufladung früher Entwürfe, die Irritierbarkeit von Phasen des Stockens und Umschlagens sowie die Gelöstheit der gefühlsmäßig „kalten" Endgestalt bei Sander breiten Raum ein. Das scheinbar schwankende „Vorgestalterleben" ist hier nicht Zwischenzustand, sondern funktionaler „Werdensgrund" des Handlungsgeschehens (1962 [1928], S. 103), weshalb Sander und die Leipziger ihre Beiträge zur „Ganzheits-" und „Gestaltpsychologie" auch keineswegs der Vorherrschaft der (Berliner) „Gestalttheorie" unterzuordnen bereit waren.

Friedrich Sander beschäftigte sich mit den Gefühlsqualitäten der Gestaltbildung und zeigte, dass die sich in frühen Phasen der Gestaltbildung einstellenden komplexqualitativen „Vorgestalten" eine den Gesamtprozess dauerhaft steuernde Richtungsfunktion haben. Die Vorgestalten erschweren das gefühlsmäßig aufwändige Abgehen und Umorientieren in Richtung neuer, produktiver Ansätze, andererseits weisen sie bereits in frühen Phasen des Erlebens in Richtung der „Endgestalt" voraus. Da die Leipziger anders als Wertheimer und seine Kollegen „Struktur" als transphänomenale Dauergerichtetheit verstanden, suchte Sander die Gestaltungsrichtungen des Vorgestalterlebens schließlich wieder bestimmten überdauernden Charaktertypen zuzuordnen („ganzheitlicher", „einzelheitlicher" bzw. „gestaltungskräftiger Persönlichkeitstypus") und schuf damit die Anschlussfähigkeit des Gestaltkonzeptes zur damals führenden Persönlichkeitspsychologie (vgl. dazu Fitzek und Salber 1996 wie auch die Analogien in der Grazer Schule der Gestaltpsychologie, etwa bei Weinhandl 1927).

Wie sind Spannungszustände aufzulösen?
Die Organisationsgesetze des seelischen Ablaufs sind nicht alles andere als neutral. Die Gewinnung von Prägnanz beglückt, unklare Gestaltverhältnisse schmerzen. Bildung und Umbildung von Gestalten ereignen sich als sensible Auf-, Um- und Abbau von Spannungszuständen. Was traditionell als Gefühlsreaktion dargestellt wird, kann in der Gestaltpsychologie wiederum durch die Entwicklungslogik von Spannungsfeldern dargestellt werden, die in Richtung von Entladung umgewandelt werden.

Friedrich Sander hat über die „Aktualgenese" von kurzzeitig oder unvollständig präsentierten Figuren in zunehmender Expositionszeit bzw. Vollständigkeit zeigen können, dass experimentell gedehnte Gestaltbildungen ein charakteristisches Affektprofil aufweisen. Dieses reicht von einer in Frühphasen hoch labilen Gesamtauffassung („Vorgestalt") über Phasen der erwartungsvollen Annäherung und irritierenden Störung des Erreichten bis zur oftmals als erlösend erlebten, aber auch ernüchternden Endgestalt:

Gestaltbildungsprozess bei zunehmender Expositionszeit der Reizvorlage

Ein exemplarisches Versuchsprotokoll: ich erlebe es als Anfang. Gefühl, da muss noch mehr kommen… Auge? Nase? Nein = Reaktion: das ist kein Auge – keine Nase… Oh! Erstaunen – mein schönes Gesicht bricht auseinander! Und doch Zähigkeit – Es ist ja bloß nach unten verzerrt (wie einer, wenn er ein dummes Gesicht macht). So ein Bauernlümmel! Gefühlsmäßig wiederholt *es* in mir den Versuch, das Gesicht zu wahren, aufrecht zu erhalten, obwohl *ich* darauf reagiere mit: (Unsinn! Das wird ganz etwas anderes!)… Da schießt eine!!!! Ha, nun hab ich's – mit einem Schlage – eine Person… nun auf einmal Fluss, Ruhe, alles rund. – Was soll nur der Rechen – da, denke ich – am Ende schießt sie gar nicht, sondern trägt einen Rechen auf dem Rücken. Natürlich so wird's auch sein" (Sander, zit.n. Fitzek & Salber 1996, S. 81)

Der für die moderne Gestaltpsychologie bedeutsamste Pionier war aus heutiger Sicht sicherlich Kurt Lewin. Lewin stammt aus der Berliner Schule der Gestalttheorie von Wertheimer, Köhler und Kurt Koffka, die seit Beginn der 20er Jahre im Berliner Stadtschloss residierten. In seinen Prämissen eindeutig Gestalttheoretiker, positionierte er sich in Berlin mit einem eigenständigen und nachhaltigen Forschungsprogramm, das in der Zeitschrift der Gestalttheoretiker, „Psychologische Forschung", unter dem Titel „Untersuchungen zur Handlungs- und Affektpsychologie" firmierte und von Lewin später über die Begriffe „Feldtheorie" oder „Topologie" des Handelns identifiziert wurde (Lewin 1931, 1936; vgl. Lück 2001).

Inhaltlich besetzte Lewin das dritte phänomenale Feld der Handlungspsychologie und beschäftigte sich schon in seinen ersten Untersuchungen mit der Psychologie des Wollens (Lewin 1917b, 1926). In Gegensatz zur zeitgenössischen Elementenpsychologie sah er im Willen keinen aus personalem Entschluss gesetzten isolierten „Akt". Das Wollen musste – wie Denken und Fühlen auch – in den Erlebenszusammenhang der Gestaltbildung eingebaut werden und in seinem Prozesscharakter nach den Ablaufgesetzen der Handlung beschrieben werden. Lewins

Willenspsychologie besteht wesentlich in der Analyse von „Vornahmehandlungen", die er als ausgedehnte „Handlungsganzheiten" mit einem spezifischen Gestaltprofil von Eröffnung, Verlauf, Sättigung, Abschluss, Wiederaufnahmetendenz kennzeichnet und erforscht (Lewin 1926, S. 14). Lewin beschrieb die vom äußeren Bewegungsablauf völlig unterschiedliche psychische Determination der Handlungen als gespannte Systeme. In seiner „Feldtheorie" wird der Gestaltgesichtspunkt zum Hinweis auf die ganzheitliche Verfasstheit aller Arbeits- und Alltagstätigkeiten nach quasi-physikalischen Feldbedingungen („Kräfte und Energien"). Bedürfnisse, Intentionen, räumliche, dingliche und soziale Gegebenheiten werden in diesem Feld zu förderlichen oder feindlichen Valenzen für das Anlaufen und den Fortgang, die Stabilität oder Störbarkeit von Handlungsverläufen (vgl. auch hier Fitzek und Salber 1996).

Wie die übrigen Berliner Gestalttheoretiker im naturwissenschaftlichen Paradigma sozialisiert, blieb Lewin der mathematisch formalisierten Darstellungslogik verbunden und bildete die Psychologie der Handlungsfelder in quasi-mathematischen Feldskizzen ab: als gespannte Systeme mit gegeneinander verrechenbaren Ladungen, Kräften und Energien. Inhaltlich und begrifflich näherte er sich hingegen mehr und mehr den Erkenntnissen der Psychoanalyse an. Diese war den wesentlichen Fragestellungen an die Wissenschaft näher als die alltagsferne Laborpsychologie und stimmte mit Lewins Beobachtungen zur Störbarkeit, Ersetzbarkeit, und Verwandelbarkeit von Handlungsmomenten unter komplizierenden Rahmenbedingungen – wie Überlastung, Sättigung und Ärger – besser überein. Was zählt, war für Lewin wie zuvor für Wertheimer vor allem eins: „Nichts ist praktischer als eine gute Theorie" … Gestalttheorie eben (zum wohl bekanntesten Lewin-„Zitat" vgl. Langfeldt 1999).

Was bestimmt unser Handeln?

Gestaltbildungen sind im Alltag nur ausnahmsweise als Denken, Fühlen, Wollen charakterisierbar, sie sind in aller Regel in komplette Handlungen eingebaut. Um Handlungen gleichfalls in ihrer Gestaltlogik darzustellen, sah sich Kurt Lewin gefordert, die scheinbar selbstständigen Momente von Wünschen, Ängsten, Absichten, von räumlich-zeitlichen Gegebenheiten, von Menschen, Gegenständen und von Rahmenbedingungen als Wirkmomente in einem einheitlich strukturierten Spannungsfeld abzubilden. Seine „Feldtheorie" übersetzt Bedürfnisse, Begehrlichkeiten, Abhängigkeiten, Widerstände wie auch das Förderliche und Hinderliche der Gegebenheiten im seelischen Alltag in die quasi-physikalische Sprache von Kräften, Valenzen, Vektoren im Feld.

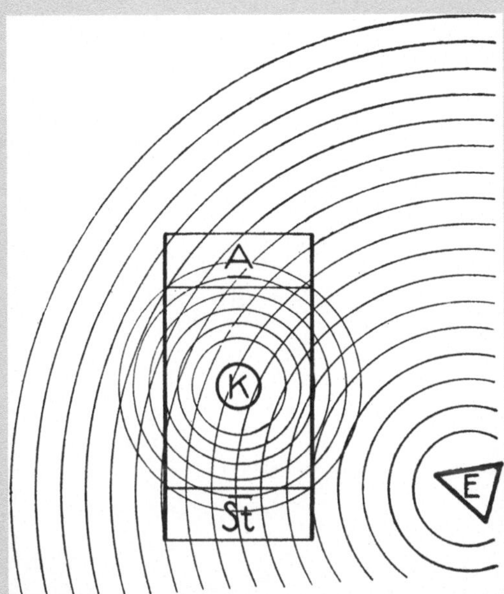

Feldskizze nach Lewin

„Das Kind [K] steht vor einer unangenehmen Aufgabe mit ausgesprochen negativem Aufforderungscharakter [A]… Die Macht des Erwachsenen [E] und seine Strafandrohungen [St] haben den ganzen *Lebensraum* des Kindes so *durchsetzt*, dass Bezirke, in denen das Kind sich selbstständig frei bewegen kann, so gut wie aufgehoben sind… Dass das Gegeneinander der beiden negativen Aufforderungscharaktere [A/ St] in dieser Strafsituation zu einer erhöhten *Gesamtspannung* im Felde führen muss, lässt sich relativ leicht ableiten… Die Konfliktsituation führt zur Tendenz, aus dem Felde zu gehen. Versucht das Kind nun, sich in der Richtung dieser Resultante zu bewegen, so stößt es auf die Außenbarriere…

… Das Aus-dem-Felde-Gehen braucht nicht durch einen Durchbruch durch die Grenzen der Strafsituation zu erfolgen, sondern kann mitunter auch durch eine Art *Abkapslung* des Kindes *innerhalb* des Feldes vollzogen werden. Das Kind versucht, ohne eigentlich aus dem Felde zu gehen, sich wenigstens für eine Weile unangreifbar zu machen, oder Wände zwischen sich und der Aufgabe sowie der Strafe aufzurichten… Häufig ist bei Kindern Trotz als ein erstes Zeichen eines *Selbstständigwerdens*, eines Sich-Durchsetzens gegenüber einem bis dahin übermächtigen sozialen Felde zu beobachten. Bei gedrückten, passiven Kindern besteht das erste erfreuliche Symptom einer Aktivierung häufig in einem Ungezogenwerden.“ (Lewin 1931, S. 20 ff.)

3 Wirkungseinheiten – Gestalt als Kategorie einer Sozial- und Kulturpsychologie

Zur „guten Theorie" wird die Gestaltpsychologie dadurch, dass sie in ihren Konzepten das „Wichtigste, Wesentliche, das Lebendige der Sache" aufgreift, die in der Psychologie immer auch Sache des Erlebenszusammenhangs von Menschen in ihrer Lebenswelt darstellt. Wie „ein Schüler begreift" (Wertheimer 1985 [1925], S. 99), erklärt sie aus den Wirkungsgesetzen der Gestaltbildung. Wie beunruhigende Spannungszustände gelöst werden, zeigt die Entwicklungslogik hochkomplexer, aber wegweisender Vorgestalten. Handlungsverläufe gelingen demnach, indem Barrieren in Spannungssystemen durch Gestaltung und Umgestaltung abgebaut und in Hilfsmittel der Problemlösung verwandelt werden.

Die Handlungspsychologie wird so zum Prototypen einer im Normalfall kaum einmal ungehinderten, tatsächlich sich erst allmählich konturierenden Gestaltbildung: als Produktives Denken (Wertheimer, Duncker), Vorgestalterleben (Sander) oder als Spannungsbewältigung (Lewin). Bei Lewin wird sie darüber hinaus beinahe unkommentiert zum Auffassungs- und Darstellungsprinzip von handlungsübergreifenden Wirkungsganzheiten. Kennzeichnend für Lewins spätere Orientierung ist die Verlagerung des Interesses von der Erforschung linearer Handlungsabläufe hin zur Modellierung komplexer psychischer Spannungsfelder von sozialen und kulturellen Gebilden. Den (ersten) Weltkrieg, an dem Lewin teilnehmen musste, hatte er für die Beobachtung genutzt, dass die Feldbedingung der Kriegsteilnahme dem Landschaftserleben eine komplett andere Rahmung gibt („Kriegslandschaft"; Lewin 1917a). Als Immigrant in Amerika überschreitet er rasch die experimentelle Bindung an Handlungsfolgen (von „Wille" und „Affekt") und verfolgt die feldtheoretische Modellierung in persönlichkeits- und gruppenpsychologische Fragestellungen. In der sich formierenden Sozialpsychologie faszinieren Lewin die Einheitlichkeit und Profiliertheit von überdauernden Rahmenbedingungen des Erlebens (dem „Klima", der „Atmosphäre" von Lebens- und Wirkungsräumen). Sein zunehmender Sinn für die Vielschichtigkeit des seelischen Geschehens und sein Talent beim Aufspüren lebenspraktischer Fragestellungen machen Lewin zu einem der

H. Fitzek, *Gestaltpsychologie kompakt*, essentials,
DOI 10.1007/978-3-658-04276-9_3, © Springer Fachmedien Wiesbaden 2014

wirksamsten und nachhaltigsten Psychologen der alten wie der neuen Welt (vgl. Lück 2001; Fitzek 2011).

Die sich in Amerika gerade erst formierende Sicht auf die Bedeutung personenübergreifender Verhaltenszusammenhänge macht den Gestalt- und Feldpsychologen Lewin zum Vorkämpfer der Sozialpsychologie. Entwicklungsbedingend sind vielfach nicht individuelle Unterschiede der Menschen, sondern Gemeinsamkeiten ihrer Lebenswelt und ihres Bezuges zueinander. Das dynamische Wirken von Gestaltprozessen findet sich besonders deutlich und wirksam in Gruppen („Gruppendynamik"). In ihren Frühphasen folgt die Psychologie der Gruppe der aus der Handlungspsychologie bekannten Dynamik von Gestaltbildung und -umbildung. Wie die von Köhler und Wertheimer beobachteten Problemlöseprozesse, wie Sanders aktualgenetische Verläufe und Lewins Handlungsganzheiten geraten Gruppenprozesse in aufwändige Such-, Reflexions- und Selbstthematisierungsprozesse in Richtung von Prägnanz und „guter Gestalt" hinein. Gestaltbildungen, nicht rationales Denken, auch nicht persönliche Motive, entscheiden über die Steuerung von Arbeits- und Entscheidungsprozessen (T-Gruppen). In seinen Experimenten mit Ralph White und Ronald Lippitt variiert Lewin den Strukturtypus der Gruppe mithilfe unterschiedlicher Feldbedingungen („demokratischer", „autoritärer", „Laissez-faire"-Führungsstile) und schafft damit die Grundlage zur Übertragung der Erkenntnisse für (Klein-) Gruppenprozesse in den politischen und kulturellen Raum (vgl. Lewin et al. 1939).

Gerade die amerikanische Gesellschaft mit ihrer Vielfalt von Kulturen und Subkulturen lässt erkennen, welchen Entwicklungsgesetzen die Gruppenentstehung, -konflikt und -zerrüttung unterliegen, gerade hier wird die Gestaltpsychologie der Gruppe zum Hinweis auf fundamentale gesellschaftliche und ökonomische Belastungen. Im Auftrag verschiedener staatlicher und privater Institutionen beschäftigt sich Lewin mit Führungsstilen in Unternehmen, der Integration von Schwarzen und Weißen in Wohnsiedlungen, mit dem Change Management von öffentlichen und privaten Institutionen, mit Interventionen bei Jugenddelinquenz, der strategischen Beratung von Regierungsstellen – unverkennbar bleibt er in allen Aktivitäten der Logik der Analyse von mehr oder weniger strukturierten Spannungsfeldern mit einer stabilen oder labilen Gesamtorganisation und charakteristischen Umbruchphasen – „Unfreezing", „Moving", „Refreezing" – verbunden (Lewin 1947).

Auch nach seinem plötzlichen Tod im Jahre 1947 bildet Lewins Sichtweise und die seiner Schüler/innen ein reizvolles und wirkungskräftiges Gegengewicht zu der zunächst noch stark behavioristischen, später zunehmend kognitivistischen Mainstream-Psychologie (vgl. auch Lewin 2009, 2012; Marrow 2002). Was sich in der amerikanischen Psychologie ausgehend von Lewins Untersuchungen zur Einbettung der Handlungsganzheiten in Lebensräume als „ecological perspective" (Barker 1968; Bronfenbrenner 1979) manifestiert, wird in Deutschland Anlass für die Ausbildung einer „Kulturpsychologie": Lewins Perspektive auf Gesamtqualitäten des Gruppengeschehens („Landschaft", „Klima", „Atmosphäre") ist zu einem entscheidenden Anstoß für die Entwicklung einer Kulturpsychologie geworden, die auf die apersonale Eigendynamik der Gestalten des Erlebens und Verhaltens ausgerichtet ist – vielfach ohne zu bemerken, dass sie sich auf gestalt- bzw. feldtheoretischem Boden bewegt (vgl. die entsprechenden Ausführungen in Boesch 1992).

Ernst Boesch schreibt seine „Einführung in die Kulturpsychologie" als Auseinandersetzung mit Lewins „Lebensraum"-Konzept und kennzeichnet die eigenen und fremden Kulturen, mit denen sich die Kulturpsychologie beschäftigt, als symbolische Lebenswelten oder „Biotope" (Boesch 1980). In der Kulturpsychologie wird die Feldstruktur menschlicher Lebensräume nicht durch Gruppenverhältnisse von Gleichsituierten gebildet, sie ergibt sich vielmehr aus dem gegenständlichen Charakter der Lebenswelt. Als Wirkungspsychologie denkt sie den Vorrang der Gestalten vor den Subjekten zu Ende und geht von der unmittelbaren gegenständlichen Beschaffenheit aller Zusammenhänge des Erlebens und Verhaltens aus.

Für Wilhelm Salber, dessen „Morphologie des seelischen Geschehens" (1965) sich ausdrücklich auf die Gestaltlehre Goethes bezieht, ist die seelische Wirklichkeit selbst gegenständlich strukturiert und – als solche – nicht abhebbar von den Gestaltbildungen der Lebenswelt. Deshalb kommt die „Morphologie" ohne Allgemeine Psychologie (Wahrnehmen, Denken, Motivation) und Sozialpsychologie (des Wahrnehmens, Denkens, der Motivation in/von Gruppen) aus, sie ist von vornherein Alltagspsychologie, Medienpsychologie, Kunstpsychologie. Salber knüpft an Lewins Konzept der gestalthaft organisierten „Handlungsganzheiten" an und nutzt die dort beschriebenen Bildungs- und Umbildungsprozesse konkreter Handlungen als Vorlage für die Modellierung komplexer „Wirkungseinheiten" (Salber 2006 [1969]). „Psychischer Gegenstand" ist nicht eine wie immer geartete mentale Konstitution des Menschen, sondern die sich im jeweiligen Erleben und Verhalten konkret ausformende (Gestalt-) Dynamik von Wirkungszusammenhängen, Medienereignissen, von Kunstrezeption oder dinglicher Erfahrung. Die „Gestaltgesetze" nehmen dabei gegenständlichen Charakter an, sie sind Produktionsgesetze seelischer Wirklichkeit (als Gestalt): Aneignung, Einwirkung, Anordnung, Ausbreitung, Ausrüstung, Umbildung sind Grundzüge der Gestaltbildung in Alltags- und Freizeitbeschäftigungen, Film, Werbung, Unterricht, Kunstschaffen und Kunstbetrachtung. Sie sind damit zugleich methodische Hilfsmittel der Analyse von Wirkungseinheiten im Sinne einer praktischen Theorie konkreter Lebenswelten.

Dass der Alltag nicht „grau" ist, liegt Salber zufolge an der Eigendynamik der Gestaltverhältnisse im Tageslauf, in den Lebenswelten von Familie, Schule, Beruf,

Medien, Straßenverkehr, den Ereignissen im persönlichen und öffentlichen Raum. Es sind konkrete, vielfach überindividuelle Gestaltbildungen („Wirkungseinheiten"), die im Alltag Regie führen. Ohne Mühe wird das scheinbar banale Einerlei des Geschehens durchlässig für die Dramaturgie der „Gestaltgesetze": „Vorgestaltliches" im Aufstehen, der Zwang zur „guten Gestalt" in Arbeitsabläufen, im Putzen und Sortieren das unerreichbare „Aufgehen ohne Rest", im Medienkonsum wie in Familienereignissen die zuweilen verzweifelte Suche nach dem „gemeinsamen Schicksal", in Rausch und Traum das Ausreizen von Umbruch und Verkehrung. Dass die Gestalten den Alltag kultivieren, zeigt sich an komischen Analogien von Alltags- und Weltkultur: Aufstehen/Aufstand, „Höhenflüge", „Abstürze", „Narrheiten", „Säuberungen", „Reaktion", Völker-„Wanderungen" beschreiben Gestaltbildungen, die ganze Kulturen prägten und zugleich den Alltag, wie er sich tagtäglich ereignet (vgl. Salber 1993). Empirische Analysen von „Wirkungseinheiten" zeigen, dass die gelebten Alltagskulturen – wiederum gestaltanalog – ambivalent und deshalb grundsätzlich ungeschlossen sind (Goethe: Gestaltmuster sind Verwandlungsmuster; vgl. Fitzek 2008). So kommen „Nähe" und „Dichte" von Familienereignissen (Kaffeetafel, Weihnachten, „Friede auf Erden") nicht ohne Ausfälle (Brüche) aus, „Vorgestaltliches" (Träume, Kunst, Film) braucht die Gestaltergänzung durch das konkrete Hier und Jetzt.

Mit der für ihn typischen Polemik betont Salber, dass die Gestalten in der morphologischen Psychologie keineswegs auf die „Figürchen" der Wahrnehmungspsychologie beschränkt bleiben (vgl. Salber 1981). Gestaltgesetze sind für die Morphologie Notwendigkeiten der Kultivierung, die das seelische Geschehen aus sich heraus determinieren – ohne Dazwischentreten eigenständig handelnder „Subjekte" (Fitzek 2000). Als Produktionsbedingungen komplexer Wirkungseinheiten strukturieren sie den Alltag im Kleinen (Alltagsfigurationen) wie im Großen (der weltgeschichtlichen „Seelenrevolution"; Salber 1993). Die Suche nach Halt, der Kampf um Vorherrschaft, die Notwendigkeit einer tragfähigen Organisation, die Sehnsucht nach Anders-Werden kennzeichnen die Alltagsprogramme der Lebenswelt wie die Ideologien und Praktiken der Kulturen der Weltgeschichte. Aus der Perspektive der morphologischen Psychologie sind es gestalthaft verfasste Kultivierungsprogramme, die den Lebensalltag in seinen banalen wie kunstvollen Erscheinungen prägen. In Analogie zur Psychoanalyse sieht Salber den Kreis der Kultivierungsmuster repräsentiert in den Selbsterzählungen der Kulturgeschichte (Mythen und Märchen der Völker; Salber 1999; vgl. Fitzek 2008).

Das Konzept „Organisationskultur" – ein (Stief-)Kind gestaltpsychologischer Forschung

4

Blieben die Ursprünge im Gestaltkonzept des frühen 20. Jahrhunderts in der sozial- und kulturpsychologischen Tradition noch erkennbar, so sind sie im transdisziplinären Diskurs des ausgehenden 20. Jahrhunderts kaum mehr erfahrbar. Dabei lässt sich zeigen, dass die aus der (amerikanischen) Sozialpsychologie und der (deutschen) Kulturpsychologie hervorgehenden Praxisdiskurse trotz scheinbaren Abstandes von ihrem gestaltpsychologischen Ursprung (und von einander) nach wie vor, wenn auch weniger ausdrücklich, gestaltpsychologische Traditionen fortsetzen. Ein typisches Beispiel für die erfolgreiche, zugleich identifikationslose Durchsetzung der Gestaltpsychologie in neuen Wissenschaftskulturen ist das Aufkommen des Konzeptes der „Organisationskultur" in der Managementforschung (vgl. Braun und Zeichhardt 2011). Ihr bekanntester Vertreter, Ed Schein, ist nicht nur aus dem von Kurt Lewin geprägten MIT hervorgegangen, sondern beruft sich ganz ausdrücklich auf das Lewinsche Erbe – ohne sich etwa als Gestalttheoretiker zu bezeichnen (Schein 1995b). Dabei entstammt das Konzept unverkennbar der amerikanischen Sozialpsychologie und lässt sich, wie ich zeigen werde, problemlos mit der Tradition der Kulturpsychologie im deutschen Sprachraum zusammenbringen.

Den Hintergrund für die Renaissance des Gestaltdenkens in der Wirtschaft bildet das bis in die achtziger Jahre des letzten Jahrhunderts als unschlagbar geltende amerikanische Wirtschaftsmodell, das unter dem Druck japanischer Erfolge unversehens in die Krise geraten war. Im persönlichkeits- und gruppenübergreifenden Kulturkontext gewann die Wissenschaft einen Fokus, der das Scheitern des Self-Made-Optimismus erklärte und sich zu einem Forschungsprogramm verdichtete, aus dem die Mängel des individuenzentrierten Ansatzes und die Chancen des Denkens in Kulturen ableitbar wurden. Edgar H. Schein (1969, 1995a) formte daraus das Forschungsprogramm der Organisationskultur und erschloss mit der Umorientierung von „Unternehmerpersönlichkeiten" auf „Unternehmenskulturen" eine scheinbar neuartige Perspektive. Hier wurden das Gestaltdenken und Lewin

H. Fitzek, *Gestaltpsychologie kompakt*, essentials,
DOI 10.1007/978-3-658-04276-9_4, © Springer Fachmedien Wiesbaden 2014

quasi wiederentdeckt, um rationale, ökonomische Wirtschaftsmodelle im Hinblick darauf zu ergänzen, was die Entwicklung von Institutionen tatsächlich (gestalt-) psychologisch ausrichtet.

Schein führte Lewins Gedankengänge nicht nur implizit fort, sondern verwies ausdrücklich auf die Herkunft seiner Lehrer (D. McGregor und A. Bavelas) aus der Lewin-Schule (vgl. Schein 1995b). Die Kennzeichnung von Organisationskulturen als steuernde Motive der Unternehmensentwicklung griff Lewins Entdeckung des Gestaltungsraumes, des „Klimas" sozialer Gebilde auf, das Gruppen, Verbände und Organisationen im Ganzen wie in allen ihren Funktionsträgern prägt. Für Scheins Konzept sind drei Ebenen charakteristisch, auf denen er Organisationskulturen ansiedelte (vgl. Schein 1995a):

1. die Ebene ihrer gegenständlichen Manifestationen oder „Artefakte“ – wie etwa die Gestaltung von Werk- und Büroräumen, die vorfindbaren Zeremonien und Rituale, die Aufmachung von Rundbriefen und Mitteilungen an die Angestellten oder auch der Umgang mit betrieblichem und privatem Eigentum;
2. die Ebene ihrer als „Werte“ bezeichneten kulturellen Orientierungsmuster – Absichten, Maxime, Ideale und Abneigungen sowie
3. zuletzt und vor allem die Ebene sogenannter basic assumptions, mit denen Schein die konstituierenden Mythen einer Institution anspricht (Beispiele aus der Literatur: „Dionysos“, „Apollo“, „Zeus“, „Mammon“).

Dabei erinnern die Ebenen der Darstellung von Organisationskultur an die Merkmale des gestaltpsychologischen Denkens, die oben als Gestaltqualitäten, Wirkungsfelder und Kultivierungsmuster charakterisiert wurden. In diesem Sinne verweisen 1. die Artefakte auf den phänomenalen Vorrang des ganzheitlichen Erscheinungsbildes (der „Gestaltqualität“) im Erleben. Ihre Bestimmung kann für Organisationskulturen zum Schlüssel werden, das scheinbar disparate Gegenständliche der Institution von einem symbolischen Blickwinkel aus aufzuarbeiten: Menschen, Strukturen, Gebäude und „Privates“ (Büroausgestaltungen, Witze, Feiern) werden durch Gestaltbildungen zusammengehalten.

Der Hinweis auf Werte als Orientierungsmuster lässt sich 2. mit der von Lewin herausgestellten Einbindung in dynamische Spannungssysteme zusammenbringen. Demnach geht es bei den Meinungen, Haltungen und Befindlichkeiten der Belegschaft nicht um mehr oder weniger individuelle Ansichten vom Unternehmen; diese sind vielmehr als Repräsentationen (oder Ausdrucksbildungen) einer Wirkungswelt aufzufassen, in der spezifische Ausgangsrichtungen, Valenzen, Widerstände und Barrieren als „Feld“-Bedingungen virulent werden.

Auf dem Hintergrund des Gestalt-Konzepts machen 3. die basic assumptions darauf aufmerksam, dass das Gesamtgeschehen nicht nach Maßgabe rational agierender Personen gesteuert wird, sondern von (unbewussten) Kultivierungsmustern einer überindividuellen Gesamtregie. In den von Schein als letzte und fundamentale Ebene der Organisationskultur identifizierten Grundprämissen laufen alle Wirksamkeiten im Unternehmen zusammen. Doch erschließen sie sich wegen ihrer hintergründigen (und ungeliebten) Wirkungsmacht nicht über offizielle Selbst- oder Leitbilder, sondern über randständige, häufig ungewollte Äußerungen (wie Sprüche oder Anekdoten der Mitarbeiter/innen).

Im Folgenden will ich anhand des im „Handbuch Qualitative Forschung in der Psychologie" veröffentlichten Fallbeispiels darstellen, wie das Forschungsprogramm der Organisationskulturen zum Ausgang eines gestaltpsychologischen Forschungs- und Beratungskonzeptes ausgestaltet werden kann. Im Konzept der „Wirtschaftsmorphologie" sind die grundlegenden Denkkategorien der Gestaltpsychologie nicht nur in methodische „Versionen" der Analyse und Beratung von Unternehmen und Institutionen übersetzt (Grundqualitäten, Wirkungsräume, Verwandlungsmuster). Hier können sie am Beispiel von Aktionsforschung und Prozessberatung von Organisationen in ihrem konkreten Zusammenwirken verfolgt werden (Fitzek 2010a; vgl. dazu auch meinen Beitrag zur morphologischen Beschreibung im gleichen Handbuch; 2010b).

5 Anwendungsbeispiel: das Forschungsprogramm „Organisationskultur"

Bei der in Auftrag gegebenen Organisationsentwicklung handelt es sich um ein jahrzehntelang als Familienbetrieb geführtes Maschinenbau-Unternehmen, dessen Selbstverständnis durch eine unvermittelt einbrechende Dynamik von Verkäufen und Veränderungen verlorengegangen zu sein schien. Dem Wechsel in einen Maschinenbaukonzern folgte schon kurze Zeit darauf die Übernahme in einen Mischkonzern, dann die Veräußerung an einen ausländischen Investor und schließlich die Umwandlung in eine Aktiengesellschaft – alles in einem Zeitraum von nicht einmal zwei Jahrzehnten. Die Beschwerden der Belegschaft gruppierten sich geradezu verführerisch plausibel um das Motiv der verlorenen Einheitlichkeit einer „guten" Gestalt, die durch rücksichtslose Neuerungen und durch räuberische Eingriffe zerstört worden sei. Diesen Eindruck galt es in der mehrdimensionalen Analyse der Organisationskultur mithilfe der von uns durchgeführten Tiefeninterviews im Hinblick auf gestalthafte Wirkungsmomente zu durchdringen.

1. Die Architektur der Erzählungen – wie der von uns besichtigten Werksniederlassungen – zeigte sich beherrscht von der (Gestalt-) Qualität der Abgeschlossenheit eines Drinnen von einem Draußen, die den Beschäftigten Sicherheit versprach und der Geschäftsführung klare Positionen. Wie in den Gestaltgesetzen der Wahrnehmung hob sich die „gute" Ordnung von einer als chaotisch erlebten Umgebung ab. Die empfundene Binnenwelt war überschaubar und stellte sicher, dass alle jederzeit wussten, wo sie „hingehörten" und was sie von anderen zu erwarten hatten. Die Firmenphilosophie – ablesbar in soliden Gebäuden wie in der geschlossenen Werksstruktur vor Ort – wies den Einzelnen einen Platz zu, an dem sie sich orientieren und ihre Stellung zum Ganzen bestimmen konnten.
   Hier zeigt sich jedoch zugleich die Kehrseite der geschützten Binnenwelt: Was intern Zusammenhalt und Rückhalt verhieß, machte es schwer, sich Neuem und Andersartigem zu öffnen. Die gelebte Geschlossenheit drohte sich abzu-

H. Fitzek, *Gestaltpsychologie kompakt*, essentials,
DOI 10.1007/978-3-658-04276-9_5, © Springer Fachmedien Wiesbaden 2014

schotten und „dicht zu machen" – nach dem Motto: „Wir kommen auch ohne Euch zurecht." Was von vielen als „Insel der Glückseligen" empfunden wurde, entpuppte sich bei genauerem Hinsehen als „Schmoren im eigenen Saft". (Diese wie die folgenden Zitate sind wörtliche Zitate aus Tiefeninterviews mit Mitarbeitern.)

Die wiederholten Klagen über den Zugriff von außen verdichteten sich zu einer Mauer, hinter der sich eine diffuse, aber zerstörerische Gefahr auftürmte: „Draußen herrscht Krieg". Es machte den Eindruck, als seien mit dem Verlassen der eigenen (Ein-) Stellung unglaubliche Risiken verbunden: „Hebt man den Kopf, wird er gleich abgeschlagen." Da blieb nur: „Eingraben und in Deckung gehen – gucken, dass die Lage sich beruhigt." Das erlebte „Draußen" stand dabei für eine Welt, die im Grunde unbekannt war („ich verstehe nicht, wer hier genau was tut"), vor der man sich aber fürchtete und in den Schutz der vertrauten Ordnung zurückzog: „Das fordert unterm Strich, dass jeder für sich denkt."

2. Die Werte der Beschäftigten, ihre Vorlieben und Abneigungen waren widersprüchlich. Stolz und Unbehagen, Skepsis und Zuversicht, Zustimmung und Kritik streuten scheinbar wahllos in der Belegschaft. Die auf Vorstandsinitiative veranlasste Auswertung einer betriebsinternen Befragung hinterließ Ratlosigkeit. Gestaltpsychologisch ordnet sich das scheinbare Meinungschaos – in Ablösung von individuellen Wertungen – sehr deutlich im Spannungsfeld zwischen einem geliebten „Früher" und einem beklagten „Heute": „Früher kannte man alle mit Namen. Heute kennt man sich noch vom Sehen." „Früher waren wir ein eigenes Unternehmen, heute sind es viele Waben." „Das frühere Zuviel an Emotion wurde heute durch Rationalität ersetzt."

Im Gegensatz zur formal überaus differenzierten Unternehmenshierarchie sahen die Beschäftigten bis weit in Führungspositionen hinein einen untergründigen Gegenlauf von Management und Produktion. Entsprechend wurden je nach Stellung Stärken und Schwächen der Organisation benannt. Auch die am Gesamtunternehmen beteiligten Branchen und Sparten wurden polarisiert: in alt und neu, produktiv und unergiebig, substantiell und peripher. Aufteilungen zogen sich scheinbar wahllos und widersprüchlich durch die Repräsentanten verschiedener Bundesländer, Standorte, Werke und selbst durch einzelne Interviews; einmal ging es um das Oben und Unten, dann um das Alte und das Neue, in wieder anderen Fällen um Produktion und Verwaltung, um Männer und Frauen: „Wie komisch so Frauen sind, worüber die alles reden können, denen fällt noch was ein, wenn sonst keinem mehr was einfällt, Frauen sind einfach so anders, mit denen könnte man nie arbeiten."

Dabei zeigten sich in den Dichotomien durchaus Ansätze einer gestalthaften Umzentrierung: Wie wäre es, die andere Seite zu leben, die Distanz zwischen

Oben und Unten zu überwinden, die Grenzziehung zu dem oder der „Anderen" zu lockern oder aufzugeben? Was sich in den ersten Interviews als eher tastende Suche nach möglichen Grenzüberschreitungen erwies, ließ sich im weiteren Verlauf der Untersuchung allmählich zu einer Entwicklungsperspektive für die Organisationskultur ausbauen (s. u.).

3. Die Kennzeichnung der Unternehmenskultur als geschlossene Binnenwelt, die durch den Gegenlauf freundlicher und feindlicher Valenzen dynamisiert wurde, konnte in einem dritten Schritt der gestaltpsychologischen Analyse um ein Kultivierungsmuster zentriert werden, das über Wirkungsrichtungen im Feld von „guter" und schlechter Ordnung hinausgeht. Kultivierung hängt ganz grundsätzlich davon ab, dass Bestände gesichert und Gefährdungen abgewehrt werden. Hier drehte es sich besonders um ein Kultivierungsmuster der Sicherung von „Eigenem" und der Abschirmung gegen „Fremdes". Dabei offenbarte die Tendenz zur prägnanten Gestalt ein komplexitätsgefährdendes Moment: Im Dienst des Geschlossen-Haltens wurde Unbeweglichkeit als Hinweis auf die „gute alte Ordnung" geschätzt, während riskante Entwicklungen von vornherein als feindlicher Übergriff gebrandmarkt und abgewehrt wurden. Alles Förderliche wurde in die Logik des geliebten Eigenen gebracht; Anstöße von außen wurden als von außen Auferlegtes etikettiert. Als äußere Zumutung kategorisiert, entzog sich Schädliches demzufolge der kritischen (Selbst-) Reflexion.

Die morphologische Analyse der Fallgeschichte endet mit einer Einordnung des gefundenen Verwandlungsmusters in die Kultivierungsprogramme seelischer Wirklichkeit, die aus historischen Vorbildern stammen („Seelenrevolution") und ihren Niederschlag in historischen Erzählungen („Mythen") finden. Wie Schein in seinen „Basic Assumptions" angedeutet hat, ist der konstruktive Kern der Organisationskulturen letztlich in narrativen Gestaltmustern aufzudecken (vgl. auch Geertz 1987; Polkinghorne 1998). In der Wirtschaftsmorphologie sind es die Märchen, deren narrative Struktur das Gefüge spezifischer (Organisations-) Kulturen erschließen (vgl. Fitzek 2008, 2010b). Für die Darstellung der unser Unternehmen kennzeichnenden vereinnahmenden und zugleich abweisenden Binnenlogik kann das Märchen vom „Wolf und den sieben Geißlein" herangezogen werden (vgl. Salber 1999). Die Gestaltlogik eines gefährdeten Geschlossenhaltens von Bewährtem und eines verführerischen Aufschließens für Neues wird in diesem Märchen anhand der Präsenz eines liebend-gehassten Mutter-Wolfes durchgespielt. Im Märchen wird eine vermeintlich friedvolle „alte" Ordnung einer gefräßig von außen eindringenden Schreckensgestalt ausgesetzt. Gestaltlogisch ist das „Fremde" das fremd „Gemachte" einer hermetischen Ordnung, die ängstlich abwehrt, was nicht ins Schema passt. Der Wolf ist nichts Äußeres, er ist die Mutter in anderer Gestalt – dem Märchen ist die

unvollständige Aufspaltung von Mütterlichem und Wölfischem deutlich anzumerken (an der Sprachverwirrung, der Täuschung usw.).
Was Gestaltpsychologie heute ausmacht, bleibt nicht bei einfachen Gestaltbildungen stehen. Lewin wie Schein und Salber weisen auf die komplexe, überdeterminierte Eigenart der Gestalten im Kultivierungszusammenhang hin. „Der Wolf und die sieben Geißlein" stellt ein Trennungsproblem von geliebtem Eigenem und gefürchtetem Fremdem heraus. Eigenes macht sich fremd, um sich nicht den Herausforderungen der Verwandlung stellen zu müssen: lieber träumen von früheren Möglichkeiten als sich dem befremdenden Wandel auszusetzen. Der „Mutter-Wolf" des Märchens und seine Emergenz in der exemplarisch dargestellten Unternehmenskultur ist letztlich gar nicht weit entfernt von den paradoxen Kippfiguren im Wahrnehmungsraum – wie Borings berühmt gewordene Illustration der „Braut und Schwiegermutter".

Wer oder was führt Menschen in gleicher Richtung zusammen?
Wie die Logik des Handelns so ist auch das Geschehen in übergreifenden Wirkungszusammenhängen nach Auffassung der Gestaltpsychologie organisiert durch die Tendenzen einer personenübergreifenden Sinn- und Prägnanzbildung. Richtungsgeber von überindividuellen Gruppen, Verbänden und Organisationen sind nicht einzelne Macht- oder Einflussgrößen, sondern deren Einbettung in das Gesamtfeld der Gestaltbildung. Unternehmensstrategien, Prozessabläufe, Führungsstile folgen der Prägnanz eines sich im Ganzen durchsetzenden sinnbildenden Musters („Kultur").

Wirkungsmächtige Gestaltungsmuster im öffentlichen und privaten Raum können gestaltpsychologisch als Kultivierungsprogramme charakterisiert werden. Sie rüsten Menschen in komplexen Systemen einheitlich mit gegenständlichem Inventar aus (Schein: „Artefakte"), mit ausdrücklich oder unausdrücklich geteilten „Werten" und mit Rahmenerzählungen über Sinn und Unsinn des Tuns und Lassens („Basic Assumptions"). Was Lewin im „Klima" einer Organisation und Schein in ihren „Basic Assumptions" verortet, fasst Wilhelm Salber in der Gestaltlogik von historisch gewordenen Vorbildern der Kultivierung („Verwandlungsmuster").

Als „Kultur", „Mythos", von Unternehmen organisieren sie alles Einzelne im Sinne der Prägnanz dominierender Gestaltverhältnisse. Kultivierungsprogramme sind tiefgründig und nur in aufwändigen methodischen Rekonstruktionen darstellbar. Dabei helfen nach Salber die Märchen mit ihren prototypischen, paradoxen Wirkungskernen. Im vorliegenden Band wurde beispielhaft die Organisationskultur eines Metallbauunternehmens dargestellt. Ihr Wirkungskern behandelt die Figuration von Eigenem und Fremdem, die alle wesentlichen Vorgänge im Unternehmen organisiert und das Geschehen um die Kippfigur einer in fremder Gestalt wiederkehrenden Selbstgefährdung strukturiert (Im Märchen findet diese ihren Ausdruck in der freundlich/feindlichen Belagerung der „Wolfs"-„Mutter").

„Braut und Schwiegermutter" nach E.G. Boring

6 Brüche und Kontinuitäten: Gestaltkonzepte im disziplinären und transdisziplinären Diskurs

Rückblickend auf (mindestens) 100 Jahre kann vom weit vorausdeutenden Konzept der Gestaltpsychologie mit Recht behauptet werden: Es hat sich bewährt – als Überwindung der Sackgasse des Behaviorismus in der Psychologie und als Anstoß für die Entwicklung einer kognitiven Gegenposition, der es um ein angemesseneres und würdevolleres Menschenbild ging. Die Gestaltpsychologie ist über Lewins beinahe unheimliche Aktivitäten im Feld von Arbeitsplatzuntersuchung, Gruppenpsychologie, (Sub-)Kulturanalyse, Werbeforschung, Unternehmensberatung ganz in Wertheimers Sinne zur praktischen Bewährung in der Beantwortung konkreter privatwirtschaftlicher wie öffentlicher Anliegen getrieben worden. Gestaltpsychologie ist in der Praxis weit verbreitet: als Angewandte Psychologie, als Wirtschaftspsychologie, als Psychotherapie (vgl. Fitzek und Sichler 2005). Die internationale „Gesellschaft für Gestalttheorie und ihre Anwendungen" (GTA) hütet nicht nur das Erbe der (Berliner) Gestalttheorie, sie pflegt auch Verbindungen zu weiteren psychologischen und nicht-psychologischen Gestalt-Traditionen. Sie verbreitet das Journal „Gestalt Theory" in deutscher und englischer Sprache und veranstaltet internationale Tagungen in regelmäßiger Folge. Außer den bereits erwähnten sozial- und kulturpsychologischen Ausbaurichtungen und der gestalttheoretischen Psychotherapie ist eine gerade in den letzten Jahren beachtenswerte Vielfalt von Anwendungen zu nennen, die zur erneuten Publikation von Grundlagenwerken (Duncker 2008; Koffka 2008; Metzger 2009; Lewin 2009, 2012) wie auch zu neu zusammen gestellten Übersichtswerken (z. B. Metz-Göckel 2008, 2011) geführt hat.

Die Bedeutung der Ursprungsgeschichte in der Gestaltpsychologie und die Unübersichtlichkeit ihrer Verbreitung haben andererseits aber einen Symptomwert, der sich in der aktuellen Rezeption gestaltpsychologischer Literatur niederschlägt. Ohne hier Daten und Zahlen vorlegen zu können, darf wohl behauptet werden, dass an der Gestaltpsychologie insbesondere ihr historischer Beitrag zur Befreiung aus fruchtlosen Denktraditionen geschätzt wird. Als habe sich dies inzwischen erledigt, werden Gestaltpsychologinnen und -psychologen in den aktuellen Debatten

H. Fitzek, *Gestaltpsychologie kompakt*, essentials,
DOI 10.1007/978-3-658-04276-9_6, © Springer Fachmedien Wiesbaden 2014

der Fachwissenschaft kaum zitiert . Die Fachdisziplin scheint andere Wege gegangen zu sein als die, die Wertheimer, Köhler und Lewin vorgesehen hatten. So ist der „Gestalt"-Begriff in der Psychologie abgekoppelt von der Tradition bestimmter akademisch geprägter Schulen (wie den Grazern, Berlinern, Leipzigern im letzten Jahrhundert). Außerhalb der Psychologie schillert er in vielschichtiger Weise und metamorphosiert in systemisches Denken, Selbstorganisation, Autopoiese. Gerade das Postulat einer neuen und praxisnahen Wissenschaftshaltung wird mit gestalttheoretischem Denken heute kaum mehr zusammengebracht. Den scheinbaren Diskontinuitäten soll im Folgenden nachgegangen werden, um die Bedeutung der Gestaltpsychologie heute beurteilen zu können. Da dies vollständig zumal auf engem Raum nicht zu leisten ist, beschränke ich mich bei dieser Analyse auf drei aktuelle Anwendungsfelder: die gestalttheoretische Psychotherapie, das Konzept der Wirtschaftsästhetik und die Methodologie von Aktionsforschung.

Die prekäre Bewertung der Gestaltpsychologie als bedeutsames (aber) historisches Konzept in systematischen Darstellungen der Psychologie geht auf einen Kritiker der Gestaltpsychologie zurück, der eine wegweisende Psychologiegeschichte schrieb. Legendär ist das schon 1950 ausgesprochene (abschließende) Urteil des berühmt-berüchtigten Edgar G. Boring, die Gestaltpsychologie sei in ihren Resultaten so erfolgreich gewesen, dass sie von der übrigen Psychologie absorbiert wurde – womit er den konzeptuellen Rahmen gleichsam stillschweigend als überflüssig deklariert (vgl. Boring 1950, S. 600). Daran wird die Gestaltpsychologie bis heute gemessen, deshalb gilt sie in den Lehrbüchern der Psychologie als psychologische Schule, die ein paar inhaltliche Entdeckungen zur Wahrnehmungspsychologie und zum Produktiven Denken beigebracht hat und wegen ihrer „vagen" Begriffe und ihrer unausgereiften Methodik ansonsten überholt ist.

Die Befürworter der Gestaltpsychologie bestätigen dieses Verdikt durch die schon erwähnte Verehrung ihrer Ursprungsgestalten und deren früher Werke, und führende Vertreter(innen) der zweiten Generation vertiefen diesen Eindruck durch idealisierende Erinnerungen. Wer Wolfgang Metzgers (1970) unter dem Titel „Verlorenes Paradies" erschienene Schilderung des weltweit bedeutendsten Universitätsinstitutes im Berliner Schloss liest, ahnt in der wehmütigen Erinnerung die schicksalhafte Wendung, die das Gestaltkonzept nach den erfolgreichen 20er Jahren genommen hat.

Die Geschichte der Psychologie im 20. Jahrhundert ist gerade im deutschen Sprachraum Geschichte der Psychologie im Nationalsozialismus – mit der Konsequenz von Diffamierung, Entrechtung und Vertreibung (immer noch am Komplettesten dargestellt bei Geuter 1984). Dass die Krise der Gestaltpsychologie um die Jahrhundertmitte nicht inhaltlichen und methodologischen Schwächen geschuldet ist, sondern menschlichen und historischen Katastrophen, soll im Folgenden wenigstens kurz erinnert werden. Als Juden und (Links-) Intellektuelle wurden viele führende Forschungspersönlichkeiten schon im ersten Jahr der nationalsozialistischen Gewaltherrschaft aus ihren Positionen an deutschen Hochschulen entfernt und – im günstigeren Fall – zur Emigration gezwungen. Kurt Koffka war bereits in den 20er Jahren in die USA ausgewandert, nun traf es Max Wertheimer, der erst kurz zuvor einen Ruf an die Frankfurter Universität angenommen hatte, genauso wie Kurt Lewin und andere jüdische und politisch links gerichtete Mitarbeiter bei Köhler in Berlin. Der zog nach massiven Pressionen als einer von wenigen „arischen" Universitätsprofessoren die Konsequenz und wanderte auf spektakuläre Weise ebenfalls in die Vereinigten Staaten aus. Da Koffka, Wertheimer und Lewin noch in den vierziger Jahren starben und einzig Köhler die Nachkriegszeit überlebte, war ein Bruch in der Verbreitung des i. Ü. in besonderer Weise durch die deutsche Denktradition gekennzeichneten Gestaltkonzeptes unvermeidlich.

Nur scheinbar erleichternd wirkte sich die oben angedeutet Ausbreitung der Gestaltpsychologie über ihre (Berliner und Frankfurter) Hauptlinie aus. Schon mit Ehrenfels hatte sich in Graz um Alexius Meinong eine gestaltpsychologisch interessierte Psychologengruppe versammelt („Grazer Schule der Gestaltpsychologie"; vgl. Boudewijnse 1999), in Leipzig sahen außer Sander auch Wohlfahrt und Volkelt Anknüpfungspunkte zwischen der Gestaltpsychologie und der dort vorherrschenden Strukturpsychologie Felix Kruegers („Leipziger Schule der genetischen Ganzheits- und Strukturpsychologie"; in der Literatur nach wie vor am besten zugänglich über die „Selbstdarstellung" der Schule durch Wellek 1953). Für die vom Exodus ihrer jüdischen Kollegen scheinbar unbeeindruckten, tatsächlich aber profitierenden Grazer und Leipziger kam der Bruch umso heftiger nach dem Weltkrieg und der zumindest vorübergehenden Zerstörung ihrer Institutionen und Berufskarrieren (z. B. von Sander, Weinhandl und Volkelt; vgl. exemplarisch Fitzek und Wittmann 2003). Paradoxerweise hinderte die Polarisierung der Gestaltpsychologie in Verfolgte und Nutznießer somit – hier tragisch, dort völlig zu Recht – beide Gruppen an einer kontinuierlichen Fortsetzung ihrer wissenschaftlichen Tätigkeit (vgl. Geuter 1984; Ash 1995; Harrington 1996).

Eine spätere Generation begann in den 60er und 70er Jahren mit der Restitution. Prominent in Deutschland sind besonders Edwin Rausch und Wolfgang Metzger, auf den der Anstoß für die Entwicklung einer gestalttheoretischen Psychotherapie zurückgeht, die heute als bedeutendste Anwendung gestalttheoretischen Wissens gelten kann (Metzger 1962; Walter 1994; Kästl und Stemberger 2005). Inzwischen war der Gestaltbegriff allerdings von weniger traditionsgeprägten und konzeptorientierten Praktikern aufgegriffen worden, um traditionelle Werte (Ganzheitlichkeit) mit progressiven Zielen (Selbstverwirklichung) zusammenzubringen. „Gestalt" klang gut – ohne dass sich jemand mit Theorien und Definitionen beschäftigen musste, die in der Wissenschaft kaum diskutiert wurden.

Als Hans-Jürgen Walter Mitte der 70er Jahre den Plan einer erkenntniskritisch fundierten gestalttheoretischen Gestalttherapie vorlegte, stand „Gestalt" frei nach Fritz Perls synonym für Fremd- und Selbsterfahrung ohne die strengen Regeln wissenschaftlicher Systematik. Trotz pfleglichem Umgang mit dieser neuen therapeutischen „Gestalt"-Erfahrung ging es Walter im Gegenzug darum, an gestalttheoretisches Wissen anzuknüpfen und Lewins und Metzgers Vorarbeiten für eine Theorie der Person und daraus hervorgehende Therapiekonzepte zu nutzen. Insbesondere konnte Walter auf das „Lebensraum"-Konzept zurückgreifen, das deskriptive Aufschlüsse über das Verhalten von Persönlichkeiten in Situationen zulässt: Lebensräume sind hinsichtlich ihrer „Zeitlichkeit", „Differenziertheit", „Realität/Irrealität" unterscheidbar und zeichnen sich durch jeweils spezifische Qualitäten ihrer Organisiertheit aus („Ordnung/Unordnung", „Enge/Weite", „Flüssigkeit/Rigidität"; vgl. Kästl und Stemberger 2005, S. 360). Die universal wirksame „Tendenz zur guten Gestalt" wird durch ichhafte Rückzüge oder Kompromissbildungen faktisch eingeschränkt. Im Kern zielen die vielfältigen Techniken der gestalttheoretischen Therapie somit darauf, Demarkationen der Ich- und Weltsicht im Sinne von „schöpferischer Freiheit" (Metzger 1962) aufzubrechen, d. h. gestaltpsychologisch, für die sachlichen Forderungen der jeweiligen Situation zu öffnen: „Im Grunde genommen zielen alle diese Techniken darauf ab, mit Hilfe der Zentrierung auf das unmittelbar Angetroffene veränderte Sichtweisen einer Gesamtsituation zu ermöglichen und eine neue Einsicht für die eigene Verantwortung am Gesamtgeschehen und die eigenen Handlungsmöglichkeiten zu gewinnen" (Kästl und Stemberger 2005, S. 358).

Die aus der wissenschaftlich-empirischen Traditionslinie entwickelte „gestalttheoretische Psychotherapie" hat damit zu kämpfen, den zwischenzeitlich pragmatisch genutzten Gestaltbegriff für die Wissenschaft zurückzuerobern und sich etwa ganz konkret von der epistemologisch wenig reflektierten „Gestalttherapie" von Fritz Perls abzusetzen (vgl. Kästl und Stemberger 2005). Auch das aus der morphologischen Psychologie Salbers entwickelte tiefenpsychologisch fundierte Konzept der Analytischen Intensivberatung grenzt sich gegenüber dem wissenschaftlich-pragmatischen Selbstbild der „Gestalttherapie" durch ein empirisch-kritisches Gegenstands- und Methodenverständnis ab (vgl. Endres und Salber 2001).

Außerhalb der Psychologie führten die gleichen Diskontinuitäten dazu, dass sich die Anregungen aus dem Konzept weitgehend unreflektiert, aber durchaus fruchtbar um Begriffe wie „Selbstorganisation", „Morphogenese" oder „Autopoiese" zentrierten (vgl. etwa Kriz 1999). Dass die Wirklichkeit der Natur im Allgemeinen und des menschlichen Erlebens und Verhaltens im Besonderen nicht oder nicht vorrangig rationalen Gesetzen folgt, sondern der Ästhetik von Gestaltbildung und Gestaltschließung, Passung, Fortsetzung und Metamorphose, ist eine Entdeckung, die gerade im Computerzeitalter wieder Beachtung gefunden hat. Systemisches Denken und Selbstregulierung wurden zu wichtigen Denkfiguren der Natur- und Sozialwissenschaften. Hier ist nochmals das Beispiel der vom „Homo Oeconomicus" nur unvollständig beherrschten Wirtschaftswissenschaften anzuführen.

Nicht nur das in gerader Linie aus Lewins Lebensraumkonzept abgeleitete Modell der „Organisationskultur" ist durch einen unverkennbar ästhetischen Hintergrund qualifiziert. Vielmehr greifen gerade aktuelle Managementmodelle auf Erkenntnisse zurück, die der Gestaltpsychologie zu verdanken sind. Otto Scharmer reflektiert in seiner „Theory U" auf den Entwicklungsspielraum, den kreative Vorgänge in der Ausrichtung des Einzelnen und der von Organisationen und Unternehmen beanspruchen, und bezieht die Eigenlogik von Veränderungsprozessen explizit auf Erkenntnisse der Gestaltpsychologie und Lewins Modell des Strukturwandels: „Unfreezing – Modelling – Refreezing" (Scharmer 2007).

Weitgehend ohne Kenntnis der gestaltpsychologischen Ursprünge hat sich eine „Wirtschaftsästhetik" entwickelt, die den ästhetischen Kern wirtschaftlicher und institutioneller Abläufe rekonstruiert und mit entsprechenden Entwicklungs- und Beratungsleistungen beantwortet. Wenn die Prozesse und Strategien in Unternehmen tatsächlich nicht vorrangig von rationalen Gesetzen gesteuert sind, sondern der Logik gestalthafter Bildungen und Umbildungen folgt, dann können „Bilder" nicht nur als Hilfestellungen im Unternehmensalltag genutzt werden, sie sind vielmehr zentrales Medium für Steuerungs- und Umstrukturierungsmaßnahmen: im Sinne der Metapher (z. B. als „Leitbild" oder „Unternehmensmythos") wie auch im Sinne von Darstellungs- und Beratungsverfahren („Unternehmensskulptur", „Unternehmenstheater" usw.). Ohne dass ein gestaltpsychologischer Pionier des „Denkens in Bildern" wie Rudolf Arnheim dies hätte ahnen können, sind expressive und bildnerische Methoden in der Management- oder Organisationsberatung in den letzten zwei Jahrzehnten weit verbreitet (vgl. Biehl-Missal 2011). Das unter ausdrücklichen Bezug auf die Gestaltpsychologie für Führungskräfte- und Teamtrainings entwickelte Instrument „Kunstcoaching" nutzt die Ambivalenz von Bedeutungszusammenhängen, die sich bei der Kunstrezeption einstellt, für das Aufbrechen kurzschlüssiger Selbst- oder Fremdbilder (vgl. Fitzek 2012, 2013).

Was kann die Kunst eigentlich?

Die Frage nach der Macht der Kunst ist eine Frage, die von der Psychologie zu Recht mit großem Respekt angegangen wird. Auch die Kunstpsychologie kann keine Antwort darauf geben, was Werke zu Kunstwerken macht. Aber sie kann sagen, welcher Art die Verfassungen der Produktions- und Rezeptionshandlungen sind, in denen Menschen von der Kunst profitieren – und durch welche besonderen Gestaltverhältnisse diese kreativen Verfassungen gekennzeichnet sind.

Psychologisch kann die Kunstproduktion und -rezeption als Entwicklungsstrecke aufgefasst werden, in der die Gestaltproduktion von Bedeutungsgebilden („kunstvoll") gedehnt wird, die zwischen Selbst- und Wirklichkeitsdarstellung stehen. Die Werke der Kunst führen in einen Übergangsbereich, bei dem das „Abschließen" und „Aufbrechen" von Gestalten uneindeutig bleibt. Kunstwerke sind „Figurationen", die um einen bildhaften Kern herum konkurrierende Deutungsrichtungen provozieren/strapazieren. Indem Kunstwerke die Prägnanzbildung des Alltags belasten, werden sie zu riskanten Probestücken der Sinnbildung im Hinblick auf Sichtbares und Machbares.

Es lag nahe, den ambivalenten Werkcharakter der Kunst mit tiefenpsychologischen Entdeckungen zusammenzubringen, nach denen Kunst als Werksteller einer unbewussten Ausdrucksbildung aufgefasst werden kann, wie Anton Ehrenzweig es am folgenden Beispiel expliziert:

„Verre et Pichet" von Georges Braque

"The work has the artist's characteristic simplicity; it represents just a jug and a glass. If we relax, the handle may suddenly be transformed into a classical profile, the ground behind the profile becomes another head or even two heads above one another, enclosed by a white bulging shape that overflows the rim of the jug. It could be a figure holding a palette and brushes. Is it a self-portrait? Was Braque aware of these complexities?" (Ehrenzweig 1969, Plate 19).

7 Gestalt und Methode: zur Aktualität gestaltpsychologischer Forschung

Was Wertheimer in seiner kleinen Programmschrift als Kern des gestaltpsychologischen Konzeptes formuliert hatte, auf andrängende Fragen an die Wissenschaft konkret und praxisnah zu antworten, ist nur durch die Entwicklung einer flexiblen Methodologie zu leisten. In der Tat waren die frühen Gestaltpsychologen auf dem Weg zu einer neuen subjektreflexiven Methodologie mit zahlreichen innovativen Forschungsinstrumenten wie beispielsweise dem qualitativen Experiment (Köhler 1963 [1921]), der Berücksichtigung von Versuchsleitereffekten (Dembo 1931) und der Selbstbeobachtung mittels „lautem Denken" (Duncker 1935) hervorgetreten. Im Hinblick auf die Methodendiskussion in der Psychologie muss jedoch erwähnt werden, dass sich die Gestaltpsychologie nach dem historischen Einschnitt nicht wieder hörbar zu Wort gemeldet hat. Entsprechende Anregungen von Günther Kebeck und Manfred Sader in der „Gestalt Theory" sind ohne erkennbares Echo verklungen (Kebeck 1983; Kebeck und Sader 1984). Doch ist eine Wirkung des Konzeptes auf Grundsätze der psychologischen Methodologie gerade hinsichtlich qualitativer Forschung lange nicht ausgeschöpft. Hierzu haben die frühen Gestaltpsychologen überhaupt erst den Weg bereitet; Lewin gab in seinen wenigen Jahre in Amerika dazu den entscheidenden Anstoß und war wesentlich daran beteiligt, dass die (Sozial-) Psychologie aus den Laboren experimenteller Arbeit ins Feld handelnder und selbstreflexiver Subjekte vordrang. Für die qualitativen Methoden vorbildlich wurde insbesondere sein Modell der Aktionsforschung, in der Forschungssubjekte und Forschungsobjekte sich als Partner eines gemeinsam modellierten Wirkungsfeldes verstehen (vgl. Bergold und Breuer 1987; Breuer 2010).

Ein Rahmenthema der psychologischen Arbeit war für Kurt Lewin die Überschneidung von Subjekt und Objekt im Handlungsraum. In der Verortung des Forschers im Forschungsfeld sah er eine zentrale methodologische Eigenheit der Psychologie und zudem eine persönliche Herausforderung, die sein wissenschaftliches Schaffen von Beginn an konsequent begleitete. In einer seiner letzten Arbeiten summierte er seine Erkenntnisse unter dem programmatischen Anspruch

H. Fitzek, *Gestaltpsychologie kompakt*, essentials,
DOI 10.1007/978-3-658-04276-9_7, © Springer Fachmedien Wiesbaden 2014

einer „Aktionsforschung“ (oder „Tat-Forschung“), die in der deutschen wie in der amerikanischen Tradition in der Folgezeit angeregt und nachhaltig rezipiert wurde (vgl. Fitzek 2011). Forschungssubjektivität ist demnach nicht als persönliches Defizit zu werten und in seinen Auswirkungen als Forschungsartefakt zu reduzieren. Sie konstituiert das sozialwissenschaftliche Forschungsfeld als gar nicht zu vermeidende Wirkungsgröße und bringt neben der dadurch erfolgenden Komplizierung auch zusätzlichen Aufschluss in die qualitative Methodologie. Durch methodisch geschulte Sensibilisierung und Reflexion sind Psychologen in der Lage, ihre scheinbar „subjektiven“ Irritationen und Unzulänglichkeiten als „objektive“ Auswirkung von Feldbedingungen sehen zu lernen. Für die psychologische Arbeit wird das Agieren des Forschers im Forschungsfeld dann zum Schlüssel für eine adäquate Gegenstandserkenntnis und Gegenstandsentwicklung. Daran knüpft die von der Psychoanalyse aufgenommene Methodendiskussion um Übertragung und Gegenübertragung im Forschungsprozess an, die der mit gestaltpsychologischer Methodologie im Übrigen gut vertraute (Ethno-) Psychoanalytiker Georges Devereux angestoßen hat (Devereux 1976; zum Verhältnis von Aktionsforschung und Gegenübertragungsanalyse vgl. schon Gstettner 1979).

Auch wenn gerade hinsichtlich der psychologischen Methodologie konstatiert werden muss, dass es nicht gelungen ist, die wissenschaftliche Psychologie auf breiter Ebene dahin zu entwickeln, was Wertheimer als das Wichtigste, Wesentlichste und Lebendige der Sache erachtete („Klärung, Vertiefung, Hineindringen, Vorwärtsdringen“ ins Wesentliche dessen, was im Erleben und Verhalten konkret vorgeht; s. o.), so ist andererseits eine sich gerade in den letzten Jahren deutlich formierende Gegenbewegung gegen das Haften an exakter, objektivierender, aber wenig praxisrelevanter Forschung zu verzeichnen. Die Beiträge im „Forum Qualitative Sozialforschung“ und im „Handbuch Qualitative Forschung in der Psychologie“ sind aktuelle Beispiele für eine Neuformierung der Psychologie als subjekt- und kulturwissenschaftliche Wissenschaft im Feld der konkreten Lebenswelten (Mey und Mruck 2010).

Was ist das Besondere an der Psychologie?
Die Psychologie übt auf die Menschen immer schon eine besondere Faszination aus. Sie ist zugleich besetzt mit Hoffnungen, mit Ansprüchen wie auch mit Ängsten und Abwehr. Angesichts dieser Erwartungen wird das Auftreten von Psychologie und Psychologen vielfach als „eigen“ empfunden. Die Gestaltpsychologie hat das Eigene darin verortet, dass sie sich im Feld ihres Gegenstandes selbst entdeckt und sich daher in der Forschung konsequenterweise selbst thematisieren muss.

Kurt Lewin und seine Schüler(innen) entdeckten in ihren Untersuchungen, dass der Rückzug in einen vermeintliche Forschungs-„Objektivität" im Feld psychologischer Arbeit nicht möglich oder wenigstens nicht sinnvoll ist. In ihrer Arbeit über die psychologische Natur des „Ärgers" bemerkte Tamara Dembo die Einbezogenheit psychologischer Arbeit in den Forschungsbereich am eigenen Leibe. In der Experimentalsituation erfuhr sie sich wechselweise als „treibende Kraft für die Lösungsbemühungen um die Aufgabe, …Mitmensch…, der es besser kann, …eine Barriere um das Feld herum, die das Weggehen verhindert, …ein mögliches Werkzeug, …eine Person, die sich jenseits des Aufgabenfeldes befindet, …der ärgererregende ‚Stein des Anstoßes', ein sich veränderndes, reagierendes und provozierendes Wesen, das in den Versuchsverlauf aktiv eingreift, sich als ein ‚Feind' erweist" (Dembo 1931, S. 73).

Als soziale Handlung ist die Arbeit prinzipiell ins psychologische Feld integriert, immer auch „Aktion": „Der Kampf mit dem Vl. kann in offener oder verdeckter Form geführt werden. Die Vp. ‚verweigert' etwa direkt den Gehorsam… Oder es kommt zu einer körperlichen Kampfmaßnahme… Die Vp. beschimpft den Vl. oder droht Rache… Der Vp. fällt es plötzlich ein, ‚dass sie den Spieß umdrehen', nämlich statt sich zu bemühen, nichts tun und den Vl.‚warten lassen' kann … Besonders gemein erscheint der Kampf in der Form einer Liebenswürdigkeit" (Dembo 1931, S. 81).

Der Rückzug in die vermeintliche Objektivität von Versuchsplanung, Laboratorium, berechenbaren Ergebnissen und Gütekriterien verdeckt die (häufig) unbewussten Austauschprozesse zwischen Forschungssubjekt und Forschungsobjekt. Psychologische Forschung ist aus Sicht der Gestaltpsychologie eingelassen in den Raum des wirklichen und praktischen Handelns: „Sie ist eine Art Tat-Forschung (‚action research'), eine vergleichende Erforschung der Bedingungen und Wirkungen verschiedener Formen des sozialen Handelns und eine zu sozialem Handeln führende Forschung. Eine Forschung, die nichts anderes als Bücher hervorbringt, genügt nicht" (Lewin 1946, S. 280).

Die Arbeit der Psychologie am Gegenstand ist – als Produktion – selbst gegenständlich. Insofern können Forscherinnen und Forscher nicht umhin, sich im Forschungsfeld selbst zu verorten und ihre gegenständliche Relevanz thematisieren. Erst die neuere Methodologie zieht aus dieser riskanten, aber chancenreichen Inklusion des Psychologen in sein Forschungsfeld systematische Konsequenzen.

Literatur

Arnheim, R. (1964). *Picasso „Guernica". Entstehung eines Bildes.* München: Rütten & Loening.

Arnheim, R. (1972). *Anschauliches Denken.* Köln: DuMont.

Ash, M. G. (1995). *Gestalt psychology in German culture, 1890–1967. Holism and the quest for objectivity.* New York: Cambridge University Press.

Barker, R. G. (1968). *Ecological psychology: Concepts and methods for studying the environment of human behavior.* Stanford: Stanford University Press.

Bergold, J. B. & Breuer, F. (1987). Methodologische und methodische Probleme bei der Erforschung der Sicht des Subjekts. In J. Bergold & U. Flick (Hrsg.), *Ein-Sichten* (S. 20–52). Tübingen: DGVT.

Biehl-Missal, B. (2011). *Wirtschaftsästhetik.* Wiesbaden: Gabler.

Boesch, E. E. (1980). *Kultur und Handlung. Eine Einführung in die Kulturpsychologie.* Wien: Huber.

Boesch, E. E. (1992). Ernst Eduard Boesch. In E. G. Wehner (Hrsg.), *Psychologie in Selbstdarstellungen* (S. 67–106). Bern: Huber.

Boring, E. G. (1950). *A history of experimental psychology.* New York: Appleton-Century-Crofts.

Boudewijnse, G. J. (1999). The rise and fall of the Graz school. *Gestalt Theory, 21,* 140–158.

Braun, T., & Zeichhardt, R. (2011). Zur Bedeutung von Lewin in Managementforschung, Managementlehre und Praxis des Change-Managements. *Gestalt Theory, 33,* 145–162.

Breuer, F. (2010). Wissenschaftstheoretische Grundlagen qualitativer Methodik in der Psychologie. In G. Mey & K. Mruck (Hrsg.), *Qualitative Forschung in der Psychologie* (S. 35–49). Wiesbaden: VS Verlag für Sozialwissenschaften.

Bronfenbrenner, U. (1979). *The ecology of human development.* Cambridge: Harvard University Press.

Dembo, T. (1931). Der Ärger als dynamisches Problem. *Psychologische Forschung, 15,* 1–144.

Devereux, G. (1976). *Angst und Methode in der Verhaltenswissenschaft.* Frankfurt a. M.: Ullstein.

Dilthey, W. (1894 [1957]). Ideen über eine beschreibende und zergliedernde Psychologie. In W. Dilthey, *Gesammelte Schriften* (Bd. 5, S. 139–240). Stuttgart: Teubner.

Duncker, K. (1935). *Zur Psychologie des produktiven Denkens.* Berlin: Springer.

Duncker, K. (2008). *Erscheinung und Erkenntnis des Menschlichen: Aufsätze 1927–1940.* Wien: Krammer.

H. Fitzek, *Gestaltpsychologie kompakt,* essentials,
DOI 10.1007/978-3-658-04276-9, © Springer Fachmedien Wiesbaden 2014

Ehrenfels, C. V. (1890). Über „Gestaltqualitäten". *Vierteljahrsschrift für wissenschaftliche Philosophie, 14,* 242–292.

Ehrenzweig, A. (1969). *The Hidden Order of Art. A Study in the Psychology of Artistic Imagination.* Berkeley: University of California Press.

Endres, N., & Salber, W. (2001). Analytische Intensivberatung. *Gestalttherapie, 15,* 59–81.

Fitzek, H. (2000). Gestalten „handeln". Aktionszentren im seelischen Wirkungsraum nach Max Wertheimer. *Gestalt Theory, 22,* 3–19.

Fitzek, H. (2008). *Inhalt und Form von Ausdrucksbildungen als Zugangswege zur seelischen Wirklichkeit. Ein Vergleich von Inhaltsanalyse und Morphologie als Methodenkonzepten der qualitativen Sozialforschung.* Lengerich: Pabst.

Fitzek, H. (2010a). Gestaltpsychologie. In G. Mey & K. Mruck (Hrsg.), *Qualitative Forschung in der Psychologie. Ein Handbuch* (S. 90–102). Wiesbaden: Verlag für Sozialwissenschaften.

Fitzek, H. (2010b). Morphologische Beschreibung. In G. Mey & K. Mruck (Hrsg.), *Qualitative Forschung in der Psychologie. Ein Handbuch* (S. 688–702). Wiesbaden: Verlag für Sozialwissenschaften.

Fitzek, H. (2011). Kurt Lewin und die Aktionsforschung – die Selbstentdeckung des Forschers im Forschungsfeld. *Gestalt Theory, 33,* 119–128.

Fitzek, H. (2012): Bilderleben – Theorie und Praxis kunstpsychologischer Wirkungsforschung, In T. Fink, B. Hill, V. Reinwand, & A. Wenzlik (Hrsg.), *Die Kunst über Wirkungen kultureller Bildung zu forschen. Theorie- und Forschungsansätze* (S. 253–261). München: kopaed.

Fitzek, H. (2013). Artcoaching. Gestalt theory in arts and culture. *Gestalt Theory, 35,* 33–46.

Fitzek, H., & Salber, W. (1996). *Gestaltpsychologie. Geschichte und Praxis.* Darmstadt: Wissenschaftliche Buchgesellschaft.

Fitzek, H., & Sichler, R. (Hrsg.)(2005). *Gestalttheorie in der modernen Psychologie (Journal für Psychologie 13).* Göttingen: Vandenhoeck & Ruprecht.

Fitzek, H., & Wittmann, S. (2003). Die Psychologische Anstalt im Nationalsozialismus unter Friedrich Sander. In G. Eckardt (Hrsg.), *Psychologie vor Ort – ein Rückblick auf vier Jahrhunderte. Die Entwicklung der Psychologie in Jena vom 16 bis 20. Jahrhundert* (S. 337–401). Frankfurt a. M.: Lang.

Geertz, C. (1987). *Dichte Beschreibung. Beiträge zum Verstehen kultureller Systeme.* Frankfurt a. M.: Suhrkamp.

Geuter, U. (1984). *Die Professionalisierung der deutschen Psychologie im Nationalsozialismus.* Frankfurt a. M.: Suhrkamp.

Goethe, J. W. (1981). *Goethes Werke, Band XII – Schriften zur Kunst, Schriften zur Literatur, Maximen und Reflexionen.* München: Beck.

Gstettner, P. (1979). Distanz und Verweigerung. Über einige Schwierigkeiten zu einer erkenntnisrelevanten Aktionsforschungspraxis zu kommen. In K. Horn (Hrsg.), *Aktionsforschung: Balanceakt ohne Netz? Methodische Kommentare* (S. 163–205). Frankfurt a. M.: Syndikat.

Harrington, A. (1996). *Reenchanted Science: Holism in German Culture from Wilhelm II to Hitler.* Princeton: University Press.

Kästl, R., & Stemberger, G. (2005). Gestalttheorie in der Psychotherapie. *Journal für Psychologie, 13,* 333–371.

Kebeck, G. (1983). Feldtheorie als Methodologie. Überlegungen zur Nützlichkeit Lewinscher Grundgedanken für die Allgemeine Psychologie und die Methodenlehre. *Gestalt Theory, 5,* 247–266.

Kebeck, G., & Sader, M. (1984). Phänomenologisch-experimentelle Methodenlehre. Ein gestalttheoretisch orientierter Versuch der Explikation und Weiterführung. *Gestalt Theory, 6,* 193–245.

Köhler, W. (1963 [1921]). *Intelligenzprüfungen an Menschenaffen.* Berlin: Springer.

Koffka, K. (2008). *Zu den Grundlagen der Gestaltpsychologie. Ein Auswahlband.* Wien: Krammer.

Kriz, J. (1999). *Systemtheorie für Psychotherapeuten, Psychologen und Mediziner. Eine Einführung.* Wien: UTB/ Facultas.

Langfeldt, H. P. (1999). „The Practical Theorist" – wer war es? In H. E. Lück & R. Miller (Hrsg.), *Illustrierte Geschichte der Psychologie* (S. 96). Weinheim: Beltz.

Lewin, K. (1917a). Kriegslandschaft. *Zeitschrift für angewandte Psychologie, 12,* 440–447. (*Kurt Lewin Werkausgabe, 4,* 315–325).

Lewin, K. (1917b). Die psychische Tätigkeit bei der Hemmung von Willensvorgängen und das Grundgesetz der Assoziation. *Zeitschrift für Psychologie, 77,* 212–247.

Lewin, K. (1926). *Vorsatz, Wille und Bedürfnis. Mit Vorbemerkungen über die seelischen Kräfte und Energien und über die Struktur der Seele. Psychologische Forschung.* Berlin: Springer.

Lewin, K. (1931). *Die psychologische Situation bei Lohn und Strafe.* Leipzig: Hirzel.

Lewin, K. (1936). *Principles of topological psychology.* New York: McGraw-Hill.

Lewin, K. (1947). Frontiers in Group Dynamics. *Human Relations, 1,* 5–41.

Lewin, K. (2009). Schriften zur angewandten Psychologie. Aufsätze – Vorträge – Rezensionen (*Gestalt Theory, 31,* H. 3/4). Wien: Krammer.

Lewin, K. (2012). *Feldtheorie in den Sozialwissenschaften. Ausgewählte theoretische Schriften.* Bern: Huber.

Lewin, K., Lippitt, R., & White, R. K. (1939). Patterns of aggressive behavior in experimentally created „social climates". *Journal of Social Psychology, 10,* 271–299.

Lück, H. E. (2001). *Kurt Lewin. Eine Einführung in sein Werk.* Weinheim: Beltz.

Marrow, A. J. (2002). *Kurt Lewin.* Beltz: Weinheim.

Metz-Göckel, H. (Hrsg.). (2008). *Gestalttheorie aktuell. Handbuch zur Gestalttheorie* (Bd. 1). Wien: Krammer.

Metz-Göckel, H. (Hrsg.). (2011). *Gestalttheoretische Inspirationen. Handbuch zur Gestalttheorie* (Bd. 2). Wien: Krammer.

Metzger, W. (1962). *Schöpferische Freiheit.* Frankfurt a. M.: Kramer.

Metzger, W. (1970). „Verlorenes Paradies. Im Psychologischen Institut in Berlin 1922–1931". *Schweizerische Zeitschrift für Psychologie, 29,* 16–25.

Metzger, W. (2009). *Gesetzes des Sehens.* Magdeburg: Klotz.

Mey, G., & Mruck, K. (Hrsg.). (2010). *Handbuch Qualitative Forschung in der Psychologie.* Wiesbaden: VS Verlag für Sozialwissenschaften.

Polkinghorne, D. E. (1998). Narrative Psychologie und Geschichtsbewusstsein. Beziehungen und Perspektiven. In J. Straub (Hrsg.), *Erzählung, Identität und historisches Bewusstsein. Die psychologische Konstruktion von Zeit und Geschichte* (S. 12–45). Frankfurt a. M.: Suhrkamp.

Salber, W. (1965). *Morphologie des seelischen Geschehens.* Ratingen: Henn.

Salber, W. (1981). Ist Gestalt noch zu gebrauchen? *Zeitschrift für klinische Psychologie und Psychotherapie, 29,* 292–306.

Salber, W. (1993). *Seelenrevolution. Komische Geschichte des Seelischen und der Psychologie.* Bonn: Bouvier.
Salber, W. (1999). *Psychologische Märchenanalyse.* Bonn: Bouvier.
Salber, W. (2006 [1969]). *Wirkungseinheiten.* Ratingen: Henn.
Sander, F. (1962 [1928]). Experimentelle Ergebnisse der Gestaltpsychologie. In F. Sander & H. Volkelt (1962), *Ganzheitspsychologie* (S. 73–112). München: Beck.
Sander, F. (1962 [1937]). Zur neueren Gefühlslehre. In F. Sander & H. Volkelt, *Ganzheitspsychologie* (S. 125–146). München: Beck.
Scharmer, C. O. (2007). *Theory U: Leading from the Future as it Emerges.* Cambridge: The Society for Organizational Learning.
Schein, E. H. (1969). *Process Consultation. Its Role in Organization Development.* Reading: Addison-Wesley.
Schein, E. H. (1995a). *Unternehmenskultur: ein Handbuch für Führungskräfte.* Frankfurt a. M.: Campus.
Schein, E. H. (1995b). Kurt Lewin's change theory in the field and in the classroom: Notes toward a model of managed learning [WWW document] (74 paragraphs). http://www.a2zpsychology.com/articles/kurt_lewin's_change_theory.htm. Zugegriffen: 9. Sept. 2004.
Stemberger, G. (Hrsg.). (2002). *Psychische Störungen im Ich-Welt-Verhältnis. Gestalttheorie und psychotherapeutische Krankheitslehre.* Wien: Krammer.
Walter, H. J. (1994). *Gestalttheorie und Psychotherapie.* Opladen: Westdeutscher Verlag.
Weinhandl, F. (1927). *Die Gestaltanalyse.* Erfurt: Stenger.
Wellek, A. (1953). *Das Problem des seelischen Seins. Die Strukturtheorie Felix Kruegers: Deutung und Kritik.* Meisenheim: Hain.
Wertheimer, M. (1922/1923). Untersuchungen zur Lehre von der Gestalt. *Psychologische Forschung, 1,* 47–65 und *4,* 301–350.
Wertheimer, M. (1985 [1925]). Über Gestalttheorie. *Gestalt Theory, 7,* 99–120.
Wertheimer, M. (1945). *Productive Thinking.* New York: Harper.